行遍中国
诗意旅居

民宿中国行

《民宿中国行》编写组◎编著

北京
BEIJING

中国科学技术出版社
·北京·

前 言
PREFACE

在中国，民宿火了。

像所有新生的力量一样，它疯狂生长。一方面因为消费升级所带来的个性消费需求，另一方面因为一开始就有的资本介入。因此，中国大陆民宿的轨迹已经偏离了它在日本和中国台湾地区的最初样子，其定义更为宽泛：非标准化的、体现个性的住宿空间和方式。在这个意义上，狭义的民宿、客栈、小型精品酒店、设计师酒店、乡村度假酒店、精品农家乐等一切不按照标准、更注重个性的住宿产品都可以放在"民宿"的范畴。

该如何从产品上勾勒一个民宿？

中国的现代民宿生于丽江、大理，长于莫干山，红于建筑设计师、媒体人。应该说，踩在消费升级这个鼓点上，一群渴望张扬个性、活出自我的设计师和媒体人开始在风景至美的自然之中建造自己的生活乌托邦。因此，中国的民宿给人的第一印象一定是：颜值高。但颜值并非唯一因素，真正可以称之为民宿的灵魂的，是"主人的精神和气质"。好看的皮囊、有趣的灵魂在"民宿"这个定义上实现了统一。

但这还不够。地段也是民宿的重要衡量标准。在这个维度下，优美的风景、深厚的人文历史、淳朴的民风都是衡量的标准。民宿，生在这样的外部环境之中。

既然是住宿产品，那么服务是必不可少的考量范畴。除了主人的文化气息，让人觉得如家一样温暖而贴心的个性化服务也是民宿的重要定义原则。

虽然民宿的概念在中国是宽泛的，但是民宿住宿却是个性的、小众的，每个分支都有它存在的必要和需求。在《民宿中国行》丛书中，我们在民宿的选取上，并不以"颜值"为唯一标准。"调性"固然要考量，但红颜会老，真正让民宿长久下去的是它的"主人精神"。因此，我们更看重一个民宿的突出特点，但范围是宽泛的：既有适合外地人／外国人的城市民宿，也有适合本地人的郊区民宿；既有设计网红民宿，也有朴素但服务暖心的景区民宿；既有充满当地历史人文气息的文化民宿，也有以自然风光见长的山野民宿；既有城市精英偏爱的民宿，也不忽略大众度假需求；既有温馨的亲子家庭度假民宿，也有浪漫的情侣民宿；既有艺术家开办的民宿，也有大明星爱去的民宿……

在编写过程中，我们得到了书中各家民宿的大力支持。他们不仅为体验师提供了实地体验的机会，也提供了图片和文字资料作为参考，令我们的工作得以有效推进。

希望在这套书里，你能找到那个与你内心契合的心灵归所；希望你遇见，一群如你一样的灵魂；希望你无论多忙，都懂得去生活。

《民宿中国行》编写组

2019 年 1 月

目 录
CONTENTS

CHAPTER

02

长城脚下,
手种五柳

CHAPTER
03
设计为
生活发声

隐世 Hutel

北京潮骚范儿

毛毛张的一楼

可以睡的画

终于见到你

所有的遇见都是久别重逢

渔唐

三个骚气老文青在精神上的
一场远走高飞

麦语·云栖

人在大地上诗意地栖居

有术 Sth.here

值得过的人生，
就是眼前有树，心中有术

CHAPTER
04

过两日
乡野生活

瓦蓝·永无乡

误入明星的幸福三重奏，
不知不觉不想走

日光山谷

让心永远晒着太阳

姥姥家

姥姥家，
心中永远的故乡

森林乡居

醒来的森林和一场
身心 SPA

驿云乡居·神堂峪

临水依山，遇见旧时光
和老朋友

CHAPTER 01

这里是北平，这里是北京

北平，是老北京的诗意。北京，是新北平的气象。时世交替，在北京的胡同里，很多民宿，通过改造，让日趋没落的老房生出新的活力。呆住，在晚清御医的老宅邀你喝一盏"东方美人"。我宅，看起来只喜欢在院子里看四角天空，其实也有网红的另一面：北平花园，青海姑娘用满院鲜花令整个老胡同灿烂起来。当然，胡同并不是全部的北京。北京姑娘Iris用废弃的邮局改造了一个特有北京青年范儿的"Iris House"，这里每天都在上演国际"老友记"的北京生活；而改自老造纸厂的"幽兰"，则在老北京的胡同里，带你进入泰式阳光度假生活。

呆住·东方美人

慢煮生活，诗意呆住

文 余音 图 呆住·东方美人

这世间的一隅清静的角落，像是给了灵魂一个出口。席地而坐，桌前是香薰、好茶、翻书，看着窗外的风吹着竹子，做种种诱惑，然而心却如云般漫游去了。等你回神，才惊觉呆住的时刻已是精骛八极、神驰千里。

东方美人，幽居闹市。

金宝街，皇城根儿，晚清御医的老宅。

金宝街，东侧 CBD，西侧王府井。令人炫目的顶级跑车是金宝街最普通的街景：除了亚洲最大的兰博基尼展厅、全球首家布加迪展厅，劳斯莱斯、法拉利、阿斯顿·马丁、帕格尼、柯尼塞格、玛莎拉蒂、捷豹等均设展厅于此；香港马会在这里设立了内地第一个会员制会所；世界钟王 Erwin Sattler 在此建立了"时光殿"。

华灯初上，金宝街奢华得让时光都变得不真实。然而也有钟王的"时光殿"的奢华之力无可抵达之处，时光封存了金宝街后面一处晚清御医的百年老宅。

满街奢华得像"割喉烫脸的烈性酒"，这处老宅，独爱小小一壶"东方美人"。在这样的地界儿，静下来、待得住，内心的从容笃定可以平息海浪汹涌。她的存在，会叫醒你被都市奢华奔忙麻木了的所有感觉。

　　按过现代感十足的门铃，推开木门却是十足的老声音，缓慢、厚重、幽深，伴着玉霞年轻而富有朝气的笑脸，像一个结界，身心便进入了另一种可能。

　　院儿不大，却眼有风景，不见局促。眼前看着是老北京四合院的影壁墙，其实也兼了客房的院墙。"东方美人"四个字是明显的"呆哥"风格，呆中有趣，拙中见真。两个日式庭院中的石灯、

手水钵，透着浓浓的日式风格，像极了一个人。

　　玉霞是这里的管家，她引着我向左侧的公共空间去 Check in（办理入住手续）。桌上有绿茶、桧木、樱花、薰衣草四款香薰可供选择。此时，管家送上泛着淡淡茶香的、温度刚好的毛巾以及一杯澄澈的琥珀色的"东方美人"，天然蜜味与熟果香在空气中飘散，比起玫瑰的热烈，果然是东方的婉约气质更具诱惑力。

薰衣草　桧木　绿茶　樱花

　　此时得知，老板娘爱茶，尤爱产自中国台湾的"东方美人"，是以命名。据传百年前此茶传入英国，其色泽明澈，气味如花蜜、如熟果，滋味醇和、甜润、温柔，宛如东方美人姿影，深得英国女王的喜爱，是故命名"东方美人"。但事实上，艳惊英皇宫的"东方美人"实则有因残缺而被冷落的历史。多年前，一位不甘心没有收成的台湾茶农把他那些被虫咬后长得差、上面有很多斑点的茶叶，按照正常的加工过程做成了乌龙茶，然后拿到茶行里去卖。意料之外，茶行买办试喝后发现这些茶的味道甘醇甜美，有成熟的果香和蜂蜜香，与当时最好的茶相比有过之而无不及，遂高价购买。自此，在其他名茶争奇斗艳之时，"残缺"的"东方美人"，耐得住寂寞，终成佳品。

　　原来，"东方美人"叶片上的小洞是幼年被一种叫"浮尘子"的虫咬过造成的，一起留存的还有白色的毫毛。白色毫毛是它为自己疗伤产生的分泌物，也是它香味的来源。在其他地方被视为害虫的"浮尘子"，却是东方美人茶在成为东方美人茶的路上，必不可少的坎。倒真是应了尼采所说："那些未能置我于死地的东西，让我更加强大。"茶如人生，只有在生活的繁杂灰飞烟灭之后，才能用纯粹的、诗意的语言解读心灵。

玉霞告诉我，东方美人是禅茶旅舍。院落取名为慕诗客、爱僧家、曲尘花，也是取自元稹的宝塔诗《一字至七字诗·茶》。

茶。

香叶，嫩芽。

慕诗客，爱僧家。

碾雕白玉，罗织红纱。

铫煎黄蕊色，碗转曲尘花。

夜后邀陪明月，晨前命对朝霞。

洗尽古今人不倦，将知醉后岂堪夸。

东方美人茶的残缺之美与茶道其实是一种对"残缺"的崇拜同出一辙，"是在我们都明白不可能完美的生命中，为了成就某种可能的完美所进行的温柔试探"。如此，也让我对我面对影壁想起的那个人有了进一步的确认。

及至房间，便十足确认。东方美人总共 400 平方米的院落，却做出了 11 个有独立院落的房间。"再小也要有个院子"，这是老北京人的朴素愿望：关上门，便是一片保存自我的天地；走出去，便顶天立地。

院落很小，却也用沙石、竹子营造出诗意空间。拙朴的石灯幽幽地亮着，释放着安静的气息。墙上那句"潜意识里，我们都渴望被庇护"，那份懂得，瞬间就让人心柔软下来。

　　房间不大，设计师却在 30 平方米的房间做出了 50 平方米的功能效用。关上门，踩着丁步走到房间，赤脚走上去，身体顿时有了脱去羁履的自由。若是冬日，便有暖气包裹脚心，分外舒心妥帖。

　　世界很大，心反倒被羁绊，失去了自由；在这一方小小的院落，心反倒自由了。这一刻，便确认了，在我眼前一直浮现的人，便是千利休。

　　将牵牛花的缭乱缤纷之美融入一朵花里，千利休的茶道是一个关于"浓缩"的思想实验室："将自我视为自然的一个细部而隐身，同时也是将自我反过来扩大为自然的总体。"

　　想着日本流行的极简风格，便是这一杯杯茶喝出来的。以禅茶为主题的东方美人，便也是在这种需要慢煮、急不得一丝火候的闲寂之中，喝出在纷扰世间无暇顾及的自我和生活滋味吧。

美人最要雅

　　明明是旅居，这里却像极了一个极文艺的青年的家——无论空间多大，内心都是丰盈的、精神都是清洁的，就像这盏"东方美人"，容不得一丝异味。

　　"我爱一切旧的东西——老朋友，旧时代，旧习惯，古书，陈酿。"怀旧是一种通过历史照见自己的情绪，所以留着传统的吊顶，感知历史的味道。禅趣十足的画有着信马由缰的洒脱与智慧；红点奖小王子音响让空间充满音乐，或唤醒灵感，或清晨在自己喜欢的音乐中醒来；案头的《人类简史》《日和手帖》《美学散步》《由巫到礼 释礼归仁》拓宽着居者的思想疆域；设计感十足的独特的小物件都传达着对生活的热情。最让人喜欢的是房间里有专门的喝茶和泡汤区，透着浓浓日式侘寂的气质。

　　这世间的一隅清静的角落，像是给了灵魂一个出口。席地而坐，桌前是香薰、好茶，翻书，看着窗外的风吹着竹子，做种种诱惑，然而心却如云般漫游去了。等你回神，才惊觉呆住的时刻已是精骛八极、神驰千里，本子上盛满了那些曾深藏不露的心情和性情。

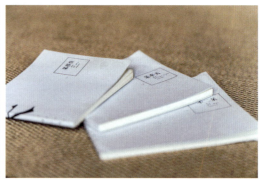

美人最是矜贵

为帝都特配的空气净化器、记忆棉床品、加热马桶盖、艺术系台盆、音乐淋浴头、大金（DAKIN）空调系统、独立秒出热水的热水器让客人尽享舒适，双层电动窗帘让客人既可以置身床上就享受到室外的阳光，又可以最大限度地隔绝光线；百兆光纤的宽带让暂离尘嚣的人们保持与外界的高效联络。

最喜欢的是泡汤。水，特别做了软化处理，洗浴备品则选用了菲拉格慕的托斯卡纳阳光系列，地道的意大利原装货，即便奢华如华尔道夫也只用了产自美国的托斯卡纳阳光系列。汤池配了香薰蜡烛，还有沙漏，借着月光的宁静能量，让因现实逼仄和旅途劳顿的身体、戒备的心，全都缓慢、松弛下来。若有幸逢在雪日，雪积得很深，雪光照在窗户上，是雪白的，月光也很白，世界有一种清凛之感；身体却在热汤之中，想起的都是人生中那些感人的、风趣的事儿，水汽氤氲，是人生宛如初见的美好。

美人是养出来的

入住晚间管家体贴地准备了玫瑰茶和睡前香氛。次日早餐除了可以享用前台茶室的自助餐点外，还能得到掌柜精心准备的五色养生套餐：绿红黄白黑，五色入五脏。绿，菜汁水饺入肝；红，枣香蛋糕入心血；黄、白，燕窝杂粮粥入脾胃肺；黑，芝麻糊入肾；加之白色坚果酸奶和东方美人茶制的茶叶蛋和肉骨茶，七样小点搭配均衡、营养充足。

美人最是待得住

    吃罢早餐，便可在院中发呆、读书。一株枣树、一株槐树，都有百年的历史，高过屋顶，树荫是院子最自然的遮阳伞。读书，或者背着手看看是不是有鸽子飞过，如此一坐，便是一天。或者约上几个好友，来这里的茶室，喝茶、聊天。这才是生活应该有的样子。

    院外繁华于己如浮云，守得住内心的清洁、找得回生命本真的乐趣，把上天赐予人的这一生短暂而美妙的时光欢喜地活过，才是生命的要义。

    正如创始人呆哥说的："我们希望'呆住'空间能提供一个渠道，一个能让人静心、自在的渠道，让人更好地进入'呆'的状态，在这个空间里可以做最真实、最自在的自己，接受当下，诗意生活。"

    东方美人是一种美的姿态，一种活的神气，一种拒绝让生活变得粗糙、荒芜的勇气。"唯美丽之物，才能让我低下头颅"，而我，在东方美人面前低头。

🏠 北京市东城区东石槽胡同 47 号

☎ 021-54019990（上海总部）

🚇 王府井步行街、中国美术馆、世贸天阶

我宅

我就喜欢宅在院子里
看着头上四角的天空

文 余音　图 我宅

我宅很安静，安静得不屑于打扰这世界，也不想理会俗世纷扰。推开门进来，一种「洗尽尘滓，独存孤迥」的气质，如夏日浓荫下的阴凉一样袭来，红尘俗世便被阻隔在这朱红的老木门之外了。

多年前，我在 Aix-en-Provence① 的街头游荡，寻找塞尚的踪迹。比起他那到了巴黎功成名就的童年玩伴、自然主义小说家左拉，塞尚算是一生"宅"在故乡的。在他出生的米哈波林荫大道，有人告诉我这是世界上最美的大道，因为按达·芬奇的美学理论，街宽与两旁建筑的高度正好相等。

我颇不以为然。我想他一定没见过国子监街。

有着700多年历史的国子监街，东起雍和宫，全长669米，却有国子监、孔庙、火神庙以及一座祭祀韩愈的韩文公祠。街宽11米，没有高的建筑，整条街绿槐掩红墙、牌楼堆金描红，张扬着几千年的中国王道风雅。

① 普罗旺斯地区艾克斯，法国画家塞尚的故乡。

这里有历史的庄重，也有老北京的寻常生活，三元梅园的奶酪和杏仁露、双皮奶，叙香斋的素食、国子监的兔儿爷都是老传统。

这里可不仅有"老时光"，也有时尚的文艺范儿。安藤忠雄设计的大都美术馆，光在街上透着大门就能感受到他对光的偏爱；在 77 文创园可能会不经意间邂逅著名漫画家蔡志忠；秀冠咖啡的猫最霸气，夏天的时候，在秀冠外面的树荫下喝一杯玫瑰拿铁，看着整条路，幸福感就出来了。

秀冠咖啡往北走的老胡同里竟然有着最市民化的进口食品"小卖部"，在这里能淘到地道的奶酪、酒和调味品；旁边一个不足 10 平方米的前卫艺术空间，展示着艺术家对于艺术、社会的深刻理解。

沿秀冠咖啡往北继续走便是五道营胡同。没有南锣鼓巷那么喧哗，却有十足文艺范儿的小确幸感。"塞"的香肠和啤酒、"藏红花"的西班牙餐、"游"的日料、"京兆尹"的素食，每一个都是北京青年饕餮说得出的经典。一路的文创小店、古着店、二手交换店也都能淘出品位与众不同的物品。

诞生了雍正、乾隆二帝的雍和宫，可谓龙潜福地，黄墙红瓦和紫禁城一个规格。雍正年间改为寺庙，是清代规格最高的寺庙，至今香火鼎盛。雍和宫大街上吴裕泰的茶冰激凌是要吃的；上了"行走的咖啡地图"的 Yong Café 是文艺青年必去之所，他们家的拿铁是看门手艺。

就是在这样随处都有惊喜的区域内，你可以满世界边逛边吃，做一个街头的闲逛者，但是这里有一个地方让你心甘情愿宅下来——"我宅"，你可以很傲娇地宅在这片区域内，安静慵懒，宅得不像话，宅得很优雅。

我宅很安静，安静得不屑于打扰这世界，也不想理会俗世纷扰。推开门进来，一种"洗尽尘滓，独存孤迥"的气质，如夏日浓荫下的阴凉一样袭来，红尘俗世便被阻隔在这朱红的老木门之外了。

院落空间的设计，尊重了四合院传统，北侧正房、东西两侧厢房加上南侧的公共空间四面围合，终成一片天地，倒像是内心在修篱种菊。

房子的外观设计在尊重老传统的基础上，更简约玄澹。传统的灰墙灰瓦，在这种简劲布局下有了细腻幽静的高级感。

院子不大，刚好可以安放自己的心；用景极简，可以在此做个优雅时间的"盗贼"。院内有两棵树：海棠妖娆有致，不负东坡先生说它"只恐夜深花睡去，故烧高烛照红妆"的媚思；枣树的形态却极其放飞自我，像极了爽朗的北京姑娘。海棠树下，一张石桌、三两矮凳，最适合午后喝茶，圆一个看云的心愿。

我宅是"宅主"丹和磊夫妇的琴瑟和鸣。

丹是设计师，她说："受过当代教育、过惯现代生活的人们对舒适生活的品质是有要求的。所以房子是老房子，内核却是一个反映当代生活的当代设计。能让人在这个四合院里感受到传统建筑给人带来的平静，就是抓住了传统建筑的精髓。"因此，在这个幽雅院落内，抽水马桶、电冰箱、投影仪、净水器、舒适的床品和洋气的洗浴用品……全有独特品位和品质。我宅，是宅得有质感的。不潦草生活，光阴是要美好着浪费的。

　　作为建筑师的女主人的细腻体现在红色在房间的运用上。有的房间是一面墙是红色的，有的是落地的窗帘是红色的。这种红色并不热烈，正呼应了周边的学问和王者之气。

　　小院的点睛之笔是通向屋顶休闲平台的纯白色楼梯，形状却让人想起伊卡洛斯的迷宫，好像顺着这楼梯上去，便是自由天空。

　　宅主邹磊喜欢音乐，不仅把乐器留在各个房间做趣味的线索，干脆还把家里的电钢琴和吉他

搬到了"我宅"的客厅里。房客们可以在客厅里交流旅游心得、合奏一曲、一起观影，用有趣的灵魂抵挡人生的无趣。

我宅的许多家具装饰都是由邹磊自己设计，然后纯手工制作的。云灯最是抢眼，人们可以利用它的基本构件随意组合出自己心目中理想的云形态。当灯光亮起，云灯好似银河系中的星云，给人无尽遐想。

"我们的初衷就是展示自己梦想中的生活方式，结果发现有很多人跟我们有相同的审美观，他们喜欢我们的拖鞋、家具，还有人把我们的花买走了。"丹说："受一个客人喜好的影响，我们做了薄荷苏打水，而喝到苏打水的其他客人，回家以后又会自己去做，这就是一种生活方式的传递。"

我宅是闷骚的，但闷骚者背后通常有让人瞠目的一面。比如，我宅的另一个院子——方塘，便是京城网红民宿的头牌。

方塘，即方形池塘，有"方外的幻境，心情的池塘"之意。宅子南、北、西各有一栋建自不同年代的房子，中间是一处方形水塘。西侧的白色玻璃房子最现代、特别美，所以迅速成了时尚达人的打卡之所。黄晓明、陈乔恩等一众明星纷纷来睡，黄小厨也来此拍摄。见证、接纳高端主题Party、庆典或作为婚房成了方塘的必备。

北房弹琴作画，南房听竹泡汤浴，或者在白房享受一杯咖啡，看树影摇曳，听琴声淡淡，让心情穿越在时空之中，跟久违的自己来一次畅谈。

遇见方塘，源于一场昆曲《牡丹亭》的分享活动。小院之内，围着一圈北京的时尚达人，昆曲演员唱着杜丽娘和柳梦梅的梦中相遇，空中鸽子飞过，黄昏是静的。现实与戏剧、过去和现在，这时刻美丽得让人恍惚：不知镜里和镜外，哪一个才是真实的世界。

少年鲁迅最想飞出那个只看到四角天空的院子。但若在我宅，我想我就想这样静静地宅在院内，看着头上的四角天空。因为，如果心是丰盈的，就没什么俗世可以真的统驭我。

🏠 北京市东城区分司厅胡同与方家胡同交叉口西北50米

📞 18510566612　13488702494

🏯 南锣鼓巷、中国美术馆、雍和宫、国子监、孔庙、火神庙、韩文公祠、五道营胡同

Iris House

与局气的北京大飒蜜一起盘道「民宿」

文 余音 图 Iris House

一个地方之所以让人怀念，终究是因为那里的人。

「人」才是一个民宿真正的灵魂。民宿，终归是主人的文化。

Iris House 很有样子，如同它的主人 Iris。

"很有样子"是木心先生说过的一句话。"很有样子"除了模样好看之外，还有一种精神气度，这种精神气度并非每个人都有，即使有幸拥有的人，每个人也都不一样。对于 Iris House，只有用北京话来描述才对味："局气"。因此，想体会地道的北京年轻人的生活，Iris House 绝对不可错过。

2015 年年底上线的 Iris House，这家新颖的城市民宿，不仅有人美好客的北京姑娘、7 间颜值爆表的房间、95% 的入住率，还有美食节目在这里取景、杂志明星来拍封面，不少外国游客还把这里当北京的家，并评价这里是 "Beijing's best-kept secret"（北京秘密花园）。有人不是来北京才住 Iris House，而是因为住 Iris House 才来北京……这一切让 Iris House 一下子成为北京民宿的一个美丽传说。

真正了解 Iris House 之后，我并不愿意用"网红"来称呼它。对于所谓小资文艺青年必打卡的很多"网红民宿"，我一直保持着理智而清醒的距离。真正打动人心的民宿，一定是"始于颜值，醉于服务，忠于人情"。

与 Iris 互关微信有一阵子了，我发现她并不像其他一些民宿老板那样在朋友圈为自己奋力摇旗呐喊，她只是间隔着发几张 Iris House 的照片，却每每都能撩人心弦，让人心底随声和起一段清新、欢乐的旋律。

近距离感受 Iris House 已是 2018 年 7 月。

从地铁五号线蒲黄榆站出来，沿着马路往北走几十米，第一个路口右转，便进入了一条极安静的路。右侧的住宅楼提醒着你，除了胡同，北京还有另一种更普遍的北京人的日常生活。路左侧是一个未经刻意修饰的森林公园，很难想象，北京的南二环，还有这样的一片绿化空间。时值夏日，树木繁密，泛着绿绿的浓意，树冠伸展出来，把整条路都荫蔽了；鸟叫蝉鸣隐约在林中回响，弥散着一种自然独有的原始气息。冬日即便萧条疏落，也有另一番情致。

城市喧嚣，似乎与这里无关。这点很像无论北京如何国际化地发展，老北京人的心中都有着一片属于自己独家记忆的老北京。这就是生活。

　　Iris House 在马路右侧的一栋白楼里，因为前身是邮局，所以现在还保留着邮局的招牌。

　　推门进去，像是进入了一个平常人家的餐厅，两个外国姑娘吃着中国早餐桌上常见的豆浆油条包子，一个很帅气的外国小伙子从房间里走出来，到冰箱拿了瓶可乐走进了房间。

　　管家是个热情的姑娘，笑起来很美，就像从小住隔壁的玩伴。问了我们来意之后，管家招呼我们坐下，告诉我们 Iris 大概十分钟后到。

　　我坐下来，认真打量了下这个空间，一进门的右侧墙边是书架，摆满了书和不同颜色的陪伴兔和小摆件。选书的品位很不错，既不高冷，也不从众，恰到好处、落落大方。

　　整个室内公共空间，功能很开放，也更具社交性，除了可做吧台和共享厨房，也是一个活动分享空间。墙壁的隔板上放着很多时尚、新奇的小物件，让人不禁想探寻这背后的故事。

　　等待 Iris 的工夫，我拿起了那本大大的留言簿

翻看。那一刻，真的像打开了纳尼亚的衣橱，进入了一个神奇又温暖的世界，里面关于 Iris 和 Iris House 的故事像一部不落幕的系列剧，在时光暖流中，不断流动。中文、英文、韩文、日文、俄文……每个人都认认真真地写了长长的感谢和分享，每一页都有自己独特的创意和表达，但都字迹工整，很多人还画了画，即使陌生人翻看，也俨然能感受到写的那一刻的认真。Iris House 只有 7 间客房，却发生了这么多感人的国际故事，这些故事唤醒了人们关于家的想象与记忆，而因这记忆也让 Iris House 有了家的温度。

见到 Iris，她没有太多客套，直接坐到了屋外院子里的长桌上，盘起了民宿的"道"。院子是 Iris House 室外的公共空间，白墙绿植，将室内的清新延伸到了室外。最点睛的是芭蕉，因为那句"红了樱桃，绿了芭蕉"，所以，有芭蕉的地方，总能让人感受到一种宋代的清俊风流和闲逸。

地段、设计、人，是我们对于"民宿"的一个共识。从这场"盘道"，我们也会看到一个更清晰的 Iris House。

Iris House，位于南二环，并不是当下北京大热的"胡同"，但邻近五号线。五号线，从南到

北、天坛、长安街、东单、东四、簋街、方家胡同、雍和宫、五道营、鸟巢。历史的北京、国际的北京、文艺的北京、市民的北京，全在这一条线上了。只需沿着 Iris House 门外的森林公园，慢慢悠悠、磨磨蹭蹭散步五六分钟，便到了五号线，想要感受什么样的北京，任君自选。

Iris House 的设计是清新、简约的北欧风。北欧风近年在中国很流行，但这种简约很考验一个人对美的掌控力，掌控好了便是"格调"，稍不注意便易"流俗"。Iris 虽非设计出身，但是长于北京、游学法国、游历 30 多个国家的经历，让她在国际化的审美和思维方面有着开阔的视野和美学趣味。因此，Iris House 的 7 间客房，虽各有不同，但都有着 Iris 的专属 Style。

房间是极简的白，泛着月光一样明净的诗意，空间里点缀着的莫兰迪绿、普鲁士蓝、带着灰色质感的粉……触感柔和，宁静中有生机，很好地平衡了白色的冷感。

房间的名字很有意思："永远的弗里达"，房间以墨西哥著名女画家为主题；"白夜"，取自陀思妥耶夫斯基的作品《白夜》；"童窗"是亲子空间；"盎然"，房间里的一株小绿植让整

个房间都有了春意；"季节"，房间里只有纯粹的黑与白，简洁却温暖；"嬉游"，充满了粉色的童趣；"消失的菠萝"，有一盏漂亮的菠萝灯。

在小细节上，每个房间都有惊喜，也都有趣味性：法式少女风格的窗帘、墙壁上的灯、白窗帘上极其纤雅的深粉色玫瑰。窗前的落地白窗帘极具浪漫细致的格调，最适合午后坐在窗前的桌前，读一本书，看着窗外的公园，做一个少年的梦。

房间是简约风，但是床品、布草的品质，Iris

却从不马虎，以至于客人会说："房间哪里都好，就是太干净了，我怕住脏了"。

民宿，终归是主人的文化。因此，"人"才是一个民宿真正的灵魂。北京姑娘天生热情好客，是一种不可替代的天赋。Iris 说很喜欢《老友记》，所以也希望自己的民宿就像老友记那样，是 Monica 的客厅，每个朋友都可以聚在客厅里，喝喝酒、聊聊天，讲自己的过去和将来，或者只是今天外出路上的趣事和风景。

Iris 对自己的管家说："不要想着你面对的是

客人，要想的是你的家人和朋友来北京是怎么招待的，你一定会想我在北京，要带他分享北京最好的一面。"因此，Iris 会给客人准备好旅行手册放在房间里，里面有独家定制的北京游玩指南。年轻客人对景点不感兴趣，她就会给他们推荐北京的文艺小店、美术馆和独具特色的咖啡店，或是地道的小脏馆儿，这些才是北京年轻人最真实的生活。

希望别人看到自己家乡最好的一面，这种很大气的意识，就是北京姑娘的"局气"。Iris 给我

讲了一个俄罗斯单亲妈妈的故事，她来中国旅游，住在 Iris House。她喜欢李小龙，想看天安门，却被"宰客"，连给女儿买礼物的钱都没了。Iris 听了很不是滋味，正好那时她妈妈从台湾旅游回来，带了好多伴手礼，她就全给了这个俄罗斯妈妈，这种做法是典型的北京姑娘的正义和爽直。某一天，这个俄罗斯妈妈邀请 Iris 去她的房间，Iris 看到桌上放着她从俄罗斯带过来的伏特加、肉、巧克力，她说："今天是我的生日，我想和你喝一杯。"

一个地方之所以让人怀念，终究是因为那

里的人。

Iris House 的中文名字是"长亭短亭"。李白，这个清醒的流浪者，即使这路是一种主动选择，他也说"何处是归程？长亭连短亭"，有着浓浓的羁旅的清寂。但对 Iris 来说，人生旅途，Iris House 是一处可以停留的温暖。Iris 在扬州的边城书店找到了有上百年历史的古书页上记载的李白的这句诗，书页已为蛀虫所蛀、斑驳可爱，她请师傅修复后，裱了起来，带回北京放在 Iris House 的客厅里。

比起"长亭短亭"这个中文名字，我更喜欢称它"Iris House"，因为多了一股子年轻和亲和、又温暖又酷酷的朋友家的劲儿。的确，Iris House 很清新、不花哨，但是整体却流露着一股酷酷的范儿。这种范儿，不是有距离的，而是有着使人渴望亲近的魅力。

Iris 和 Iris House 的美丽传说还在继续，位于鼓楼的新民宿即将开业。那些想来住天坛这边 Iris House 却订不到房的朋友，真是可以笑了。

🏠 北京市丰台区蒲黄榆东路芳古园一区 15 号楼 1 楼
☎ 15901143159
🏔 天坛公园、龙潭西湖公园

我的北平花园
真正掌握『花』的人，在某种程度上击败了时间

文 余音 图 我的北平花园

在这个大气硬朗的北京城，这份精灵样的花园，就像一个袅袅婷婷的梦藏在这古都之中。不冷不热的天气，三两好友或者干脆自己，靠在榻上发呆、读书，仅一壶花茶，便是人生好天气。

大地上开满鲜花，证明了上天希望我们幸福。

花，在里尔克的世界开出诗意，"我们的骄傲在开花里……而开花的诱惑则像夜里轻柔的空气，触摸他们温柔的嘴巴，轻抚他们的眼睑。"

花，在莫奈的笔下绽放成永恒风景，莫奈曾说："我的花园是我一生最完美的杰作。"

在钢筋水泥的城市里，花，是我们能拥有的最后的诗意。

如果，你曾经在北京住过"我的北平花园"，那么恭喜你，你曾经住在一个迷人的姑娘给这个世界造的迷人的梦里。

六月的北京，绿荫掩青砖，橘红色的凌霄花攀在墙上，跃入碧空正与太阳争妍。

推门进去，满室的鲜花，但那么一瞬间，视觉却好像停滞了，其他的感觉却分外敏锐：整个空间都被一种奇异的混合的花香包围着，你好像都能感受到这香气的粒子在空气中浮动。时间在这一刻是静止的："茶人将茶釜中水煮沸的声音比喻成林间的阵阵松声。向茶釜中注入清水的瞬间，一直作响的松声就会立即停止。"而你进入这个空间的瞬间，你的意识会集中到花上，那些不必要的杂念被减到了极致，便是这声音停止的瞬间的寂静；而这寂静的瞬间，感官就全被打开了，你与外面的世界隔绝了，进入了一个叫"睫毛"的姑娘的秘密花园。

这间门房，兼具餐吧和前台的功能。坐在对着院子的一侧，透过玻璃窗可以看到窗外，玻璃窗下面是一个舒服的大沙发，可以让身体舒服地神仙下去。看着窗外，这个季节外面长满了百合、美国薄荷、玉簪、水柳以及巨大的芭蕉……这些花儿肆意开放着，向世界展示着生命的热烈与骄傲。这个被鲜花包围的世界，就好像是时光的背面，你尽可以远遁于诗意之中。

我的北平花园

　　院子不大，花园也并不复杂，只有一条小径，穿梭其间，却总让人想起博尔赫斯《小径分岔的花园》中关于"时间"的谜语：时间，永远分叉，通向无数个未来。"一个人可以是另外一些人的敌人，可以是另外一些人的另外时刻的敌人，但永远不可能与萤火虫、花园、流水和风儿为敌。"这么说来，这个掌握了花的姑娘，真正击败了时间。而每个住进我的北平花园的人，也仿佛远遁于时间之外。

　　我的北平花园一共有六间房。房间的布置就
像睫毛喜欢穿的棉麻衣服一样，简洁、随性、舒适、
复古，有着浓浓的文艺风，却不见任何矫情的雕饰。
灯光设计很柔和，坐在窗边就可以看到窗外的花，
就像我们小时候梦想中的花园。床品与毛巾质地
柔软细致，从无印良品的盥洗用具到欧舒丹的备
品，从埃及棉定制床品到三层软化处理的温水，
都能感受到睫毛的挑剔与诚意。

　　　　　　　　　　　　　　　　　　　　　　　　　我的北平花园

　　沿着楼梯走向二楼，一个玻璃花房便在眼前。
五颜六色的花儿被白色的底子映衬着，那种明艳
和灿烂，就好像睫毛的微笑一样，可以战胜爱琴
海的水光。正中是一个榻，榻上有两个老木桌子，
榻上依然装饰着花。白色的窗帘尽管收着，但是
那份旖旎却似乎藏不住。在这个大气硬朗的北京
城，这份精灵样的花园，就像一个袅袅婷婷的梦
藏在这古都之中。不冷不热的天气，三两好友或
者干脆自己，靠在榻上发呆、读书，仅一壶花茶，
便是人生好天气。

我的北平花园员工并不多，日常的就是一个花艺师和一个管家姑娘，都是安静的姑娘。在花做主角的世界，她们都聪明地退到你需要的时候才出现，恰到好处。记得"食养山房"的主人林炳辉先生讲起一次在拜访别人家时主人离开的间隙，他看着花园里的花，觉得这也是一种对话，这对话包含了人和自然的对话，主人和客人的对话。"若能将此花，由我心传至君心"，花在此刻、此处，便是睫毛和每个住客的对话，也许这便是我的北平花园迷人的艺术魅力的最高展现吧。

博尔赫斯在《阿莱夫》里引用丁尼生的话："假如我们能仅仅了解一朵花，我们就知道我们是些什么人，世界是什么了……"在我的北平花园，当我们沉浸在花的世界，从花那里得到生气，

内心也就充盈着笃定真实的幸福了。

我的北平花园只提供早餐，卖相十分养眼，最重要的是可以坐在阳光花房的沙发上，在满室鲜花和香气中用餐。当然，也可以信步走出来去吃庆丰包子、护国寺小吃、砂锅居这些老北京的小吃；如想享受北京青年的当地时尚和美食，往南走一站地就是大悦城和老佛爷；比起东城活色生香的市井热闹，笔墨芳香的西城的宁静也多了份自我坚持的派头。但是穿行在这老胡同中，依然有很多趣味，宣武门教堂、缸瓦市教堂、西什库教堂都在周边；再往西走走便是妙应白塔寺，在西四大街上还有一家水准超越五星级酒店的甜点店叫"致璞"，那道"暗香"特别惊艳味蕾，倒是和这花园呼应了。

"没有人不需要植物，我们都想拥有一个花房。"但是，当大多数人把这个念想当作遥远的梦想时，爱花的睫毛却努力实践并且已经拥有了好几个带有花园的空间。

因为爱花，因为家乡青海的自然和质朴一直萦在心头，北京广播学院（现为中国传媒大学）播音系毕业的睫毛和老公设计师高高做了开满鲜花的北平国际青年旅舍，红遍了国外的网站，成为很多国外游客来京的必选住处和美国《国家地理》杂志推荐的青年旅舍，连英国《卫报》也将它评为全球十大最酷最时尚旅舍之一。

以北平国际青年旅舍为起点，睫毛相继开了北平小院青年旅舍、北平北京站旅舍以及"我的北平花园"。此外，她还拥有一家北平咖啡馆、两家北平花园餐厅。

因此说，"北平花园"是一种美好生活。在这个花园里，一切与生活相关的闲逸的美好都可以发生：它可以是咖啡馆，可以是餐厅，又或者是青年旅舍，但是究其根本，睫毛说，这里是花园。"花园里面什么事情都可以发生，你可以吃饭，可以睡觉，因为我们经营的项目有旅舍有民宿有咖啡馆也有餐厅，我觉得花园是美好的，让人身心都放松的，所以我希望我们经营的这些店可以让城市里的人就像永远在花园里一样。"

而每每提及为何做这样的店，睫毛永远是四个字："因为喜欢"，这并不是矫情。真正的喜欢是和喷嚏一样藏不住的。几家店，一年下来，光花费在花上的钱就达 40 万元。在别人看来这是任性，但在睫毛看来，有花才是北平。也正因此，睫毛在花上花费时间和精力，才有了北平花园那种时时不同的如花在野的灿烂之美。

每个人的内心都有一座开满鲜花的花园，四季开放，人自心安。

🏠 北京市西城区西四南大街小院胡同 15 号

☎ 010-66150255　13269091613

🚇 北海公园、西单、恭王府

呆住·幽兰
老北京胡同里的
泰国度假阳光

文 余音 图 呆住·幽兰

它潋滟晴好，就像是亚热带的阳光，与这整个北京城都不同，倒真是像「空谷幽兰」。它充满阳光的明媚，又泛着清雅的气息，瞬间便可以涤去经纶世务的逼仄喧嚣。

作为呆住姐妹，"东方美人"的高级灰是一种静谧的、闲寂的"呆住"；而2018年开业的"幽兰"，则是一种明媚的、带有阳光气息的"呆住"。

走到本司胡同75号，便是不住宿也要驻足观赏几分。退进去的空间，让人瞬间进入了泰国度假状态。门前的黑石佛、往上看的吊顶和吊灯，都是十足的泰式味道。白墙上修长如兰的黑木上俨然写着民宿的名字和它的Logo，Logo的图形是个呆萌的小佛；老木门上贴着铁门神，却有几分山西大宅的味道。门口的空间并不大，但是主人这陈设却有一种开篇佳作的引人入胜，让人忍不住读下去。

推门进来，白的影壁墙，鲜花围着，墙壁上的泰式花纹挂饰最为抢眼。影壁既挡住了外面的视线，又是一处调皮的停顿，让你忍不住好奇，也忍不住探寻，这院子有什么样的神秘。

绕过影壁，一片开敞的白色院落，映入眼帘。它潋滟晴好，就像是亚热带的阳光，与这整个北京城都不同，倒真是像"空谷幽兰"。它充满阳光的明媚，又泛着清雅的气息，瞬间便可以涤去经纶世务的逼仄喧嚣，为商务出行的旅人提供一段离尘不离城的"商务＋度假"生活。

幽兰并不是传统北京四合院的形式，它的前身是京纸集团的厂房和办公楼，20 世纪 70 年代被改建成国有宾馆，于是，脱胎于此的幽兰便有了一个大的前厅和两栋排楼客房的布局，包含了客人独享的客房区和公共空间。公共空间设有那兰庭院、花之佛堂、莲蕊池、阿呆书房、行政餐吧、花之茶室以及与自己身体心灵对话的颂钵 SPA。

建筑空间：一个艺术展厅

幽兰的建筑风格呈现出明显的泰式度假风，但很难用泰式限定它，因为在软装上它吸收了太多中式院落的元素。如果非要描述它，那应该是"东方气质"。

如果说东方美人是以私密院落的方式，用寂静观照内心的对话，那么在软装上绝对做足了功夫的幽兰，那些随之呈现的惊喜，倒像是一个外向的、善言的人在时时给你讲故事。这故事并不单一，让你觉得乏味。有老物件、旧时光，也有当代艺术和异域风情。

老板娘是山西人，因此，幽兰中装饰了大量从山西和江西老宅收回的老物件。这些被时光雕刻过的老物件，在这样一个当代的空间，释放出一种幽远的时光之美。比如，前排客房一层的楼梯处，墙上挂着一个山西老宅的窗棂，上面雕着蝙蝠，当你从楼梯上下来时，正好见它，所谓"低头见福"，而这样的老窗棂很多都被装饰在幽兰的墙壁上。

名为幽兰，老板娘又爱兰，所以兰花成了空间的绝对主角。正因如此，幽兰整个空间也均浮着幽幽兰香的雅意。空间中除了新鲜的兰花随处可见，在装饰上也采用了很多兰花主题，比如，从"低头见福"楼梯上楼，左侧便是一组清雅的兰花装饰画；房名也都出自一首首兰花古诗词：半枝妍、浮云闲、弥馥、空谷……

在装饰上，饰品材质也十分丰富。每个客房均有"呆住"创始人呆哥禅意十足、呆萌十足的作品；同时，幽兰又和许多艺术家合作，创作了很多由多种材质作为艺术语言的作品：树皮拼接的画（用纯正的泰丝作为画布）、木雕……

幽兰，无论在公共空间，还是在客房内，都像是一个小的艺术展厅。

客房：细腻如兰

在客房的配置上，"呆住"向来是细腻清雅的。

白色麻质纱幔配着与房间主题相同色系的窗帘；大大的飘窗前放置着古朴的茶台以及全套茶具；全屋地暖，无论冬夏，赤脚走在地板上，都是别样的自由与舒适。每间客房均配有智能马桶，洗漱用品也是特别定制的，此外还都砌有泡汤池。

风尘仆仆、案牍劳形之后，回到房间，将手机连上蓝牙音响，放几首喜爱的音乐，靠着窗户躺在椅榻上，泡一杯茶，或者将身体放松于泡池之内，静静享受一个舒适的夜。

那兰庭院："幽兰生前庭，含熏待清风"

　　"那兰"取自蝴蝶兰的别称"那兰提"。幽兰的院子，可尽收眼底，却做出了曲折错落的惊喜。木质栈道，两边放置了可爱的小佛像；白的墙，木质栅栏，盛开的鲜花，墙上的泰式烛台……而行政餐吧则是开敞的方式，内部的装饰也成了院落的景观。院内有一方小小莲蕊池，安静如镜，喷溢不止，水汽氤氲。水流动的声音，像月光下琴弦上的诗轻轻滑动，柔和得让人心无旁骛。

　　因此，这样的空间，也成了朋友聚会、企业活动的绝好空间。

行政餐吧

　　呆住的餐饮十分讲究。

　　早餐除了自助餐之外，还有日料师傅现煮的乌冬面和粤菜大厨准备的新鲜云吞，出品很棒。

　　下午茶，呆住则合作了众多明星追捧的网红甜点品牌，让这里成为下午茶好去处。

　　夜间，呆住小酒馆就开业了。三两好友，一壶好酒，在院中看着夜空，安静闲聊，人在北京，心已在泰国度假。

阿呆书房：重拾握笔的温暖

书房名叫"阿呆"，取自呆文化里的漫画人名。他是呆哥（赵晓钧，呆住品牌创始人）笔下的人物。据说，呆哥用写字画画断了自己常年养成且习以为常的"一根筋"，把情绪化的东西抽离，去除偏见，从而寻找到一种圆融包容的状态，也因此探索了更多的人生可能。

书房里备有笔墨纸砚，在这以电脑为工具的年代，重新拾回握笔的温暖，用书写，把生命的气势挥发出来。

花之佛堂：兰心不移

幽兰十分有特色的一点是专门设计了一个"花之佛堂"。这里并未供奉佛像，但是通过一种静谧的空间氛围，让羁旅之中的人可以寻回久违的宁静。

同时，这里也可以做成茶室，最适合三两好友，"寻得幽兰报知己，一枝聊赠梦潇湘"。

颂钵 SPA

幽兰拥有最纯正的颂钵 SPA：佳人、清芬、烟霞，一共 3 间 SPA 房。空气中飘浮着精油气息和异域游丝般的曲调，感官的喜悦被重新唤起，客人尽可享受宛若新生的美好。

24 小时的温暖贴心

这里的整体服务体验非常棒，24 小时管家服务，不仅仅是帮忙叫个车、叫个导游这么简单，晚上睡前会送来晚安饮品，如果你是个夜猫子，还会悉心送来夜宵。

呆住的细致讲究、兰的清雅，成就了老北京胡同里独特的度假芳香。如果想要出门走走，往北便是历史和文艺气息十足的雍和宫、五道营；

往南步行是商业繁华的东单、王府井；往西则有商务印书馆、涵芬楼书店、人艺小剧场、中国美术馆，你尽可根据心情享受不同文化的浸染。

我们习惯了匆忙赶路，一路疲惫，却无暇欣赏风景。呆住·幽兰，用一种"安住现在"的状态，勾勒出温暖、诗意又明媚的度假状生活，让我们诗意呆住。

🏠 北京市东城区本司胡同 75 号

☎ 021-54019990（上海总部）

🎫 中国美术馆、王府井步行街、雍和宫、五道营胡同

CHAPTER 02

长城脚下，手种五柳

长城，是蜿蜒在中国人心中的文化图腾。从战国到清代，这大概是世界上耗时最长的工程。它最终成为中华民族的血缘性名词。我们不得不承认，在时空和心理的尺度，它早已渗入我们的血液。它既是我们的防御，又是我们的包纳。

长城，在穿越岁月的斑驳后，更像是一道风景。"一山间"，三面长城，用江南造园法则，把长城引入私家园林风景。"国奥乡居"，用奥运品质打造了一片安然自得的山水田园。"花汀树"，一个母亲在长城脚下写给女儿的田园诗。"又见遗境"，最美野长城箭扣脚下的闲逸生活。三千年读史，不外功名利禄；九万里悟道，终归诗酒田园。长城脚下，手种五柳，经得起城市繁华，守得住内心风景。

山间苍翠

一山间 长城脚下，闲散山人「心」生活

文 余音　图 李双喜

以五百年长城做自家园林的私藏风景，观星，用一场沐浴去阅读彼此的身体，做两三天闲散「山人」，以脚步阅读历史，用目光丈量时光，用心生活，把在城里丢失的生命性感找回来。

沿紫禁城中轴线一直往北，到了怀柔便是白云川道观遗址，呼应着紫禁城南的白云观。

一山间·恬便悠然结庐于此间的鹞子峪村。

然而，并没有一条中轴路延伸如此之远。

抵达这里需要九次渡过同一条河。

人的聪明之处在于可以把弯路走直；自然的智慧则是多出几道弯路，让人多几分看不同风景的从容豁达。旅途，是一种增长智慧的修行。

一山间·恬是一山间的第一个院子，设计者李帅因此院屡屡斩获各项设计大奖。

当导航带你抵达此处，这个隐在其中的"山人"便给你出了一道灵魂是否相类的考题。围墙是典型的北方民居的红砖墙，导航把你导到这里，如不仔细，还是要问村民如何到达；要是你细心，就能发现那些有趣的细节：停车望去，目力所及的二三民居，眼前这处却有些许不同，围墙不高，却看不到里面。铁锈色的梯子爬上来，在墙与房檐之间连接成一处平台，朝南的铁栏杆晒着一排玉米，附和着老墙体，有点岁月沧桑的样子。修葺整齐的竹子围成的屋顶栅栏，漫不经心地提醒着世人，自己的精致与独乐。

一 山 间 屋 舍

门被一段高的影壁墙遮挡着，却留了一小块牌子在墙上："一山间"，字体像是古人写在竹简上的感觉，山字特别用了象形字，就在雅中有了俏皮、自然、原初的味道。

推开小院的门，秋波一下子就潋滟了。

小院儿并不大，石子、草坪、木板将地面隔出更多层次。真正撞击眼球的是院落内的纯白色巨型画框。画框西侧开出一面圆形的窗，画框里外，角度不同就是不同的景致。

画框内，黑色中式的椅子，粗朴的酱色米缸中插着几株忍冬红豆，映在白墙上，花影横斜的疏落，是固定的景。远处，长城逶迤，"春见山容、夏见山气、秋见山情、冬见山骨"，更有节气之中风霜雨雪闪电彩虹。近处，自己或者此生珍爱之人入景，读书、喝茶、发呆、玩地上的石子、看景中远处的长城，都装饰了你此生不断重复的美梦。

画框内看画框外：一只黑猪顶着托盘在草坪上，颇有现代装置艺术的意味；摇椅在等待它的主人；一筐老玉米、一辆木质老推车提醒着房子

一山间屋舍

的来路；西侧瘦竹排成一道墙，既是风景也稀释了周围房屋的违和感，有一种朴素的静谧。

景有四时改变，人有众生不同，这个巨型画框俨然是一个和人、和自然、和历史对话的现代艺术装置。而同时画框的巧思应用，又轻声细语地在北方的乡村讲述了一个江南的园林梦。

用现代的意识，融长城于江南的造园风格，光这点便理解了为何设计师李帅的此项目屡屡斩获设计大奖。

　　房子是北方民居的格局，大规模的落地窗的运用，使生活多了些窥探，也多了些神情交流的乐趣。没有采用两房一厅的方式，更多空间让渡给私密的生活。推门进入，公共空间、卧室、卫浴排成一排，颇有绘画的透视感。视线尽头，老石山墙配着陈年树根，倒是粗朴。

　　房间大量采用原木色，家具是新中式的风格，布置上也更有家的亲切。公共空间，一榻、一桌、两把椅子，可喝茶、聊天，也可以做餐桌。榻旁的花瓶内，两枝老虬枝伸向房顶，灯光打下来，影子落在白墙上，生出几分道骨仙风。一山间的主人慕山是南方人，所以在住宿的细节上更多了细腻和温暖。

　　房屋中的老物件提示着小院的主人也在努力寻找着那些消失的生活的温度。老旧的房梁、大红漆雕人像的桌子腿、开国上将王震当年题的"书香"的匾、讲述列宁的连环画、卧室床头老泥墙上糊着的当年的《人民日报》，历史就以这样奇特的方式成了生活的装饰。

　　明清流行的条几在落地窗前，几处摆件，让整个空间都素雅精巧起来。条几上一本杰克·凯鲁亚克的《在路上》与空间形成了反差。也许主人在想，在"极度的时尚使人注意力破碎、敏感性变得迟钝脆弱的年代"，可以慢下来，拿一本让我永远年轻、永远热泪盈眶的书，在条几前体会下纳兰性德夫妇"赌书消得泼茶香"的寻常日子里的幸福。前者的热烈，后者的宁静，都是我们在喧嚣都市里丢失了的。

　　浴室之中最引人注意的莫过于落地窗前这个暗红色的浴缸了。虽然在空间的最内侧，却让整个空间略显性冷淡和怀旧的气氛中有了性感的点睛。晨间，远处的长城是私藏的风景，一眼望去，

五百年的距离走到当下，当时，登高望远，指画山河；此刻，硝烟散尽，岁月静好。院内的摇椅上他／她在看书发呆或如你一样看着长城，你们隔空传着表情，释放着爱人间独有的灵犀。抑或夜晚，看着城里少见的星星，情侣们用一场私密沐浴去阅读彼此的身体。恰好，小院有红酒，这红酒也许本就是为此刻特意准备的，它让你意识到，让你幸福的，不是手上那枚以克拉衡量的钻戒，而是此刻比红酒还浓郁的独处时光。

　　这里是一个可供归隐的私密田园，用拙朴对抗喧嚣，用简约抵制繁复，回归乡村但不弃精致，自然的生活唤醒生命原有的感性。比起乡村的淳朴，慕山更愿意在乡村里融入一种年轻的、优雅的闲致。

但是这里的乡村生活并不乏味。来之前，小院的大姐会和你沟通你想吃的菜，为你准备好送过来。除了餐饮，你尽可享受私密的乡村度假，也可以走一程好山水。鹞子峪村被长城包围，南面是撞道口长城，西有黄花城水长城，东有黄花城水库，北面是二道关长城。用四五个小时的时间，在长城上感受山的脉动，去想象当年金戈铁马的风云涌动，时间、空间、所有的感官都融为一体，被都市节奏追赶得喧嚣的心，在历史的凝重和大山的深沉中终于静下来。

村里有村里的乐趣。从小院出去，不过两分钟的脚程就是鹞子峪城堡。古人曾经建起6座城堡防御敌人：撞道口堡、小长峪堡、西水峪堡、二道关堡、鹞子峪堡、黄花城，岁月沧桑中，鹞

子峪堡成了北京长城脚下唯一保存完整的城堡。长年风雨侵蚀，城门处汉白玉匾额上依稀可见一个"堡"字。绕过城门，有台阶可登上城堡眺望远处烽火台。

堡内还住着人家，岁月斑驳，分外幽静。一山间在这里又寻了几处颇有历史风味的老宅改造，墙体上还留着当年知青留下的字迹。最有意思的是，堡内住了一户法国人，质朴的中国北方民居群落里，有了一个很有南法感的拱形门，倒也是一种乐趣。这户法国人的宅子里有一株大树，树冠甚为繁茂完美。法国人在树上做了一个木屋，远眺长城，好像依旧可以"醉里挑灯看剑，梦回吹角连营"。

说到村里的传奇，莫过于堡内的一株古槐。据说它已有780年的历史，但在1980年的一场

山间苍翠

山间苍翠

风雨中，被雷击中而死，堡墙却安然无损，村民们把它锯掉后，第二年春天又奇迹般地从根部长出新芽，到现在一直保卫着古堡，古堡里的人都叫它"护堡神槐"。想起多年前我在海南的国家文物保护单位蔡家宅的外面看到一棵八百年的老榕树，据说在那里许愿的人都美梦成真了，这样一株神树，如果我们对着它虔诚许愿，会不会也赐予我们一段美好的人生旅程？

逛完古堡，向西走向鹞子峪森林深处，奇石林立、溪流潺潺。一段无人的野长城，不被外界打扰的静谧，让人生出一种误入历史的神奇感。此处向北的山里就是传说中的白云川道观遗址，据历史记载距今已经有600多年历史，位于北京市的中轴线上，与故宫处于同一经度。在路旁可以看到一座仅存的道士墓，周围散落着石器残件与两口干涸的古井。近千年的古银杏树还有着村民参拜的痕迹。再往深处走就是原生态的"魋山自然风景区"，此处人烟稀少，若有兴趣，最好由当地居民陪伴游玩。

一山间，是我们对自己的一个承诺，关于美、关于自然、关于历史、关于我们自身。当我们身处其间，以五百年长城做自家园林的私藏风景，观星，用一场沐浴去阅读彼此的身体，做两三天闲散"山人"，以脚步阅读历史，用目光丈量时光，用心生活，也许，我们就会把在城里丢失的生命性感找回来。

🏠 北京市怀柔区九渡河镇二道关村鹞子峪城堡东外侧第二个院子
☎ 18801171213　15030307844
🚩 黄花城水长城、撞道口长城、二道关长城、鳞龙山自然风景区

　　　　　　　　　　　　　　　　　　　　　　　　　　一山间

国奥乡居
长城脚下的庭院人生

文 余音 图 国奥乡居

「三千年读史，不外功名利禄；
九万里悟道，终归诗酒田园。」
经得起城市繁华，守得住内心风景。

城市里钢筋水泥的空间囚禁了人的生活情趣，终致人心荒芜。国奥乡居通过呈现质朴和品质双修的鲜活乡居生活，让"城市退回了自身，把乡村还给乡村"。

"往事，就如异乡，人们在那里不一样"，从城市来到乡村，国奥乡居给我们的是日常的不一样。它让你我在另一个迥异于"我"的角色之中，任意拓展自我的边界，也让生活多了一份实用之外的趣味，呈现出生命中最本质的原色。

北京市怀柔区渤海镇有着600年历史的田仙峪村，四周环绕着慕田峪、箭扣和响水湖这三大风光各异的长城景观；村子附近险峰断崖之上的箭扣长城雄奇峻峭；近在咫尺的卧佛山景区则泉水滢滢，溪流汩汩，石刻生辉，出神入化。村西的珍珠泉和一山之隔的龙潭泉汇成清澈的田仙河，从村里流过；村里600年的古槐，在那里迎来送往，依旧枝繁叶茂，好像才到它的壮年。夕阳穿树，沧桑酿出的味道就从斜影中散了出来，令人怦然心动。

这个在大山里藏了600年的村子，因前国家主席胡锦涛于2012年除夕的到来而名声远扬。现在的国奥乡居·长城别院，便星罗棋布地分布在这个村落之中。

听名字，便已知"国奥乡居"与奥运相关。

位于田仙峪村的国奥乡居正是由国奥集团以奥运品质为标准，为城市精英打造的一片"诗酒田园"。不仅被央视经济半小时节目大力推荐，

也成为北京卫视《但愿人长久2》节目的拍摄地，刘晓庆、孙嘉灵、悦悦在此度过了愉快时光。

"北京的喧嚣和拥挤，已让都市居民离理想中的家园渐行渐远。回归自然本真、寻找乡居乐趣，越来越成为城市人群的共鸣。国奥乡居是国奥集团为都市奔忙族打造的一款可以修身养性、回归自然的室外居所，让城市居民一样可以看得见山、望得见水、记得住乡愁。"国奥文旅资产管理有限公司总经理王道华说。

沿京承高速13出口向慕田峪长城方向行驶，山路蜿蜒，密树浓荫，山色含翠。若是雨季，便多染了水墨，北方的疏阔也有了缥缈的气质；到了秋天，浓浓的冷香便将层林浸染，山就醉了。

田仙峪村就在这群山之中。国奥乡居有41套院子散落在田仙峪村中，乡居的"居"民，也就有机会融入其间，体会真实的原乡生活。田仙峪村在明代即有记载，迄今有600年的历史，虽然村落在岁月的迁徙中已找不回历史的模样，但是清晨村里的广播，俨然会把时间倒流至20世纪七八十年代，也许更久些。越如此，越觉得这个地方尚未被城市侵扰，它依然保留着古朴和自然，宁静与安详。

在外观上，国奥乡居以质朴的古村老房为基础，修旧如旧、就地取材：榆木的门、青瓦的径、木地板、老木长桌勾勒着古朴的幽静；北方农村常见的花花草草和果树，让院落里多了许多城里见不到的湿润和生机；老磨盘、压水机、葫芦瓢……这些在城市生活中已经消逝的老物件、老景致遍布院落，时时处处都有岁月带来的韵味和惊喜。

　　房间的设计，除了原乡的味道，更强调朴素的雅致，清丽疏古，淡雅中有佳趣。从窗棂到长桌、条案、厨房里的置物架，都是由当地的老师傅们手工改造出来的，旧物所散发出的不一样的光彩，好像能让人感受到600年历史里连绵不绝的传承。虽然，我们已经无法回到过去，过和过去完全一样的生活，但是我们却能从国奥乡居的空间老物的光彩中感知旧日的智慧，寻找到"把酒话桑麻"的质朴心绪。

　　因为是国奥，所以极其符合奥运品质。室内采用人性化酒店式精装，配备全套现代化品牌家电，优质断桥铝合金窗、无线覆盖的畅通网络让质朴的乡野生活拥有着城里生活的舒适。

　　41 套院落大小有别，套套不同，可独居，可小聚，也可扶老携幼共享天伦。国奥乡居保持了京城农家院的寻常人家生活滋味，却各有春秋。"雅趣"——庭院被不同的植物和摆件装点得清新雅致，而室内陶瓷花鸟的圆凳和台灯，让整个院落都有了东方的高雅韵味。较高的植被覆盖率、古朴的回廊与修旧如旧的老房相得益彰。"逸趣"——山的青绿和天空的蔚蓝，颜色纯得像洗过一样。在枣树下的凉亭小憩，幽静私密的小空间，足以抛开俗念烦扰。从明亮的门窗到露天的阳光大厅，用毫不打折的采光，把鲜活的户外世界带进了整个院子。生活在此，是纯粹而痛快的。"朴趣"——院中景致古朴淡雅，自成一体。室内藏在墙体里的老房梁、着色相协的四方桌，让你仿佛置身于古时隐居之处。

　　田仙峪村四面环山，三座长城环绕。因此在院落的改造、设计上，都立足于长城，突出了自然和历史景观的应用。置身于庭院之中，或者推开一扇窗，长城就逶迤在天边眼前，清晨的氤氲、午后的明媚、黄昏泛着历史的光，每一个时刻，看长城都有不同的感受。

　　"城里一宅·乡中一院"是国奥乡居的度假理念，所以在这里可以度假，也可以常住。每个院落都由管家专门负责服务。国奥乡居的管家全部是当地村落里的大叔和大妈，他们是村里生活的见证者，不仅提供服务，他们也是城市和乡村、历史和未来的一个链接。因为他们，我们感受到了淳朴和自然以及单纯的温暖；因为他们，我们知道在历史长河中，我们的来处和去处。

　　国奥乡居的餐饮绝对值得一提。常年低温加优质活水水源，成就了今天进山必吃的虹鳟鱼。烤虹鳟几乎是每间餐厅的必备，而国奥乡居的餐厅则以炖为主，将虹鳟鱼的鲜美完全释放。虹鳟生鱼片寿司也是拿手绝活，上乘的刀工，将虹鳟鱼刺身削刻成一片一片纹路清晰优美的画卷，鱼肉清甜爽嫩，是视觉和味蕾的双重惊艳。此外，铁锅炖柴鸡、凉拌香椿苗、栗树蘑炒肉、干锅花生芽这些取自原乡的菜品也是餐厅必点的招牌。

　　早餐中的"晨曦油饼"也让很多人慕名而来。

在乡居做早餐的李大姐已经年逾六十，做油饼的年头也有 30 余年，对油温和面饼薄厚的把握是李大姐做得一手好油饼的关键，晨曦油饼不焦不生，口感软糯。

若想到村外走走，五分钟的车程便是慕田峪长城。想要开得远些，有红螺寺、圣泉山、雁栖湖，还有浪漫满园的普罗旺斯薰衣草庄园。

"三千年读史，不外功名利禄；九万里悟道，终归诗酒田园。"南怀瑾先生如是说。国奥乡居，用长城脚下的自然山水和 600 年田园村落的风土人情，打造了一片城市精英安然自得的山水田园。

长城脚下，手种五柳。经得起城市繁华，守得住内心风景。

北京市怀柔区渤海镇田仙峪村

010-60638818

慕田峪长城、红螺寺、圣泉山、雁栖湖、普罗旺斯薰衣草庄园

花汀树
一个母亲写给女儿的田园诗

文 余音 图 花汀树

当夜降临，花汀树便有了一种静谧的美。坐在院子里喝着啤酒看星星，星星又被院子里的流水揉碎了。举杯对饮、低声哼唱，美好生活就该是这样的一场沉醉。

很羡慕那个叫"汀"的女孩。在大多数小女孩和芭比娃娃做玩伴的时候，她的妈妈越过城市的喧嚣，在有着五百多年历史的响水湖长城脚下，亲手为她打造了一个充满诗意的田园：花汀树。

花汀树取自马致远的《寿阳曲·潇湘八景》之《寿阳曲·平沙落雁》："南传信，北寄书，半栖近岸花汀树。"不难发现，汀的名字也嵌在这个诗意的案名里。这份感人的浪漫让人不禁想起，苹果首台图形界面的计算机 Lisa，便是乔布斯以女儿的名字命名的。

穿过渤海镇的村子，进入响水湖长城景区内，便如同换了一番天地，身心不由为之一振。山谷两侧，峰峦起伏；雄城险关，甚为壮观。时值初夏，绿树如荫，偶有山泉，从山顶飞泻而下。"鸢飞戾天者，望峰息心；经纶世务者，窥谷忘反。"《与朱元思书》倒是像写给这里的。的确，恍若乱入时光交叠的空间，自然峥嵘，历史奇伟，让人远离欲望的渲染，心一下子就轻盈起来。

花汀树便在这响水湖景区之内，远离俗世。

一进门，便被左侧矮墙上的涂鸦夺去目光：一个长着枝丫、戴着花环的女孩，目光微垂，既可爱，又浪漫。女孩的花环，像是古代公主的宝石，让这个院子闪出第一道梦幻的光芒。

再往内看去，小桥、流水、荷花摇曳、月季妖娆，女主人竟然在这平整的草坪上，造出了一片江南的意境，不由得让人吟起马致远的《寿阳曲·平沙落雁》中的词句："南传信，北寄书，半栖近岸花汀树"。

平整的石头，在草坪上摆出一条路，最适合顽皮的小孩在上面走走跳跳，玩跳马。在这草坪上，还有一条小路，是用景德镇的瓷片拼成的，女主人

柳丛是江西人，这大概也是她对故乡的一份寄思。

　　草坪上还有个小泳池，柳丛的女儿——那个叫汀的小女孩正和几个小朋友兴奋地在里面打水仗。吃饭时，又见到了她，那眼睛里的自信、快乐，因为自然而成长的活泼和生命力格外让人喜欢。

　　院内有道墙，被粉成白色，拐着岁月晕染的老窗，几株瘦竹，便是一个江南的梦。草坪的南侧，几组休闲沙发，遮阳伞，看着远处的长城，一壶好茶，三两好友，听风观云，悠闲地看长城隐入

渐暗的天色之中。

　　这个女主人精心布置的院子，让花汀树打败周围的几家民宿，成
为京东团建地点。

　　院内有两栋房子。长排的一栋，被打造成五间有山野雅趣的山居
房。整个客房均由柳丛挑选的实木打造制成。布置简洁明朗、色调统一，
线条简约的家私透着浓浓的拙朴风。最让人惊喜的就是墙上的装饰，
均由树木作画，别有一番自然的、质朴的乡间趣味，但这趣味又是雅
的。客房和卫浴，空间尺度都很大，是北方特有的爽朗。床品十分舒适。
柳丛讲："在床品上，我们是下了大功夫的。"

另一栋房子,有三间客房,一个客厅,则被装饰成地中海的风格。地中海的蓝,隐在这中国北方的山间,给了度假多重的体验。

花汀树整体上呈阶梯分布,空间的错落,也让客人的休闲娱乐可以互不干扰。

沿着泳池的楼梯走下去,便是花汀树的公共区域。院子里的大秋千,午后躺在上面看远处的树,听风声沙沙作响。心,只与自然对话。

　　秋千边上便是一个室内公共区域，很适合团建或者组团出游的家庭聚会。一进门，左侧便是个摇椅，摇椅背后的墙上依然是一个小女孩的涂鸦，着实可爱。整个空间的软装，依然是原木的天下。长形的木桌、木椅，打造出一种亲近自然、融于自然的闲适。同时，这里还有一片图书区，大人、小孩都可以让身体在最舒展的状态下读书，或者坐在宽阔的窗台上，让窗外的树陪你读书。

　　在咖啡吧与公共区域的墙上，有一扇圆窗，用老的葡萄藤在里面做装饰，也是女主人的情趣。就如"花汀树"的名字一样，树，绝对是整个花汀树的自然旋律。除了这株老藤、客房里的树画，柳丛还用树做了几盏灯放在客房里。

　　是的，花汀树是柳丛亲自设计，亲手造出来的归心田园。

　　从国企辞职的柳丛，本意是和先生在乡间找一处院子，雾霾的时候可以躲过来，花开的春天可以让孩子在大自然里无拘无束地奔跑。看到这个院子，她一下子就喜欢上了，便决定在此停下来。没有激情豪迈的"情怀"，一切全是偶然的缘分以及发自内心的喜欢。虽然是彻头彻尾的理科生，但柳丛骨子里那种作为女人对浪漫而温暖的理想的家的想象却格外敏感。正是这种美的趣味，让她在此前的一次房产交易中，仅靠着品位出众的装修便比同区位、同类型的房子售价高出了十几万。而这装修，全由她一手包办。

　　因此，这是一个真正意义上的乡野民宿，没请建筑师，空间也就没了匠气。取材自然，整个空间充满了自然拙朴又天真活泼的乡野感。正是这种拙朴，让这里深受国内外游客的喜爱。

当夜降临，花汀树便有了一种静谧的美。坐在院子里喝着啤酒看星星，星星又被院子里的流水揉碎了。举杯对饮、低声哼唱，或者就像顾城说的那样："风在摇它的叶子／草在结它的种子／我们站着／不说话／就十分美好"。美好生活就该是这样的一场沉醉。

说到餐饮，花汀树也透着女主人的能干和实在。包子、烤串、香锅，都是浓浓的"柳式味道"。包子是这里的一绝。此外，此处山间便有虹鳟鱼，柳丛经常买来给客人烧烤。

花汀树的最下一层便是柳丛的自留地了，养着鸡和鸭。

这里吃的水果，桃、樱桃、李子、石榴、苹果、梨，也都是院子里长的。

因为花汀树就在响水湖长城景区，所以来此处，必然要爬一爬长城，做个好汉。响水湖长城属于明长城，景区融长城、古洞、山川、泉潭、飞瀑、明代摩崖石刻于一体，山的粗犷、历史的厚重，变成了北方特有的语言。

响水湖是在泉水的源头，泉涌如注、水响如雷，千米之外便可听到流水的响声，故名"响水湖"。它是怀柔地区的第一大泉，是附近百姓的日常饮用水源，也是怀柔水库的源头之一，水质甘甜、清爽可口。爬长城酣畅淋漓，尝一口这清冽甘美的泉水，心中便是古人的山川气象。

这里四季皆美。春天山桃满山，汀说："妈妈，你看无数的绵羊在山上跑。"盛夏满山苍翠，秋日便是硕果累累，红叶满山。冬日来时，银装素裹，大自然把瀑布冰封了，好像是一个冰川时代。

花汀树是柳丛在乡下的家，是她为女儿打造的乐园。柳丛，姓柳，倒是让人想起了五柳先生《归园田居》中的几句："开荒南野际，守拙归园田。方宅十余亩，草屋八九间。榆柳荫后檐，桃李罗堂前。暧暧远人村，依依墟里烟。"

愿，每个人都可获得尘世幸福，都可以手种堂前五柳。

🏠 北京市怀柔区渤海镇响水湖长城风景区内庄户村
☎ 18611620922
🏔 响水湖长城自然风景区

Lodge inn Coffee&Tea

又见逸境
箭扣长城脚下的
野趣生活

文 余音 图 又见逸境

复得自然，又见心中隐逸闲致的心境，是谓「又见逸境」，这是一种历经繁华、质朴归心的人生状态。也正因为主人如此，所以这里才真是悠然见长城、见星空、见天地吧！

"一箭扣双雕"。箭扣长城是明代万里长城最著名的险段之一，位于断崖之上，十分雄奇，箭扣长城蜿蜒随山势跌宕起伏呈 W 状，形如满弓圆月，搭着一支利箭，蓄势待发，倒有一代天骄弯弓射雕的朗朗气势。自然的风化刻下岁月的印记，尚未开发的箭扣长城，穿越历史的辉煌与斑驳，磅礴顿挫，宛若悬崖峭壁之上的游龙，引发无限遐思。故此，箭扣长城被称为"中国最美的野长城"。

历史雕刻出来的美，出于自然的险，让箭扣长城有了一种别样的诱惑之美。

因为够野，箭扣长城北侧脚下的西栅子村，居于深山之中，依然保持着最古朴的乡野气息。车沿着箭扣长城行驶在西栅子村，感觉已无路时，却柳暗花明，一个石头筑的院落便藏在路边的一排院子中间，如同在这野外绽放的花——"又见逸境"，悠然遇见。

　　并不是第一次走入"逸境"。此前的一个冬日，在响水湖长城景区，进入了"逸境"品牌的另一个项目"逸境伴山"，第一次遇见了"逸境"的主人冯云涛先生。冯云涛此前在长城景区工作了20年，及至高管职位，人生辉煌尝过种种，便觉生活应该有一种更自然、闲适的活法。放弃了升职加薪的世俗诱惑，他开始了自己渴望的生活方式。虽然离开体制，但这么多年的长城情结是离不开的。几年下来，做了几个院子，全在长城脚下，问及未来，他说，他还是会选择在长城周围做项目。

　　爱旅行、爱布置家的冯云涛，并未聘请专业的设计师，所有的院子，全由他自己设计、摆弄。有他从各地淘来的物件，也有自己手工做的，还有干脆把这些物件进行再创作，从而做出不同凡响的视觉效果。在"逸境伴山"，带我们参观房间时，原本寡言的他，竟然滔滔不绝：装饰是他从哪里淘来的，为什么地毯要放在这里而不放在那里。也正是在这个极大发挥了主人个人品位的空间，那些动人的布置，让整个冬日都温暖跳脱起来。

"又见逸境"选在了箭扣长城，因为这里长城奇美又人迹罕至，冯云涛本意是从国企辞职后，将小院作为自己平时和朋友一起喝茶聊天看看长城的休闲场所。然而，随着"逸境"品牌的成长，他的这块心灵自留地也必须拿出来和大家分享了。

"又见逸境"共有两个院子，八间客房。

其中一个是在路上便可看见的石头院子。五间客房，整个空间风格以"长城"作为主题，运用了大量的砖石和木材、老瓷片作为装饰，大量历史痕迹的元素的运用，让整个空间都生出长城脚下的拙朴、野逸的感觉。石头院子边上的院子也被冯云涛拿了下来，做成了三间浓浓工业风的客房。

临街的一号房，是老石头砌的房子，内墙则是北方常见的红砖墙，空间阔敞，让人很容易产生一种在长城生活的疏阔硬朗之感。主卧与浴室之间的红砖墙钻出许多圆孔，光线便顺着圆孔透了过来，既保证了采光，又让整个空间有光影流动的感觉。

在床的选择上多了份生活的柔情。主卧外侧则选用了榻的形式，像极了北方传统老炕，据说十分得老人家喜欢。

二号房和三号房的内部空间则是以山石和老木为主，分别设置了大床房和标间，营造出一种原初的粗朴感。

五号房则特别设置了情侣客房，老瓷片做的墙壁，有着关于瓷的温暖记忆，紫色床幔让北方的山里空间多了份媚思。

　　而在隔壁院子的三间房，房间也各有特色：有的房间，主人通过巧思用木板和树枝做成画框，既有装饰功能，又能挂衣服，同时树干做的天然屏风，又让整个空间都好像在大自然里呼吸一样；一千多元的陶瓷罐子切成两半嵌在掺着秸秆的白墙上作为灯罩，就是为了达到冯云涛想要的古朴味道；有的墙壁上则挂着纳西老手艺人的版画；室内阳光房里放着摇椅，可以躺着读书、发呆……每间房都有自己独特的趣味。

又见逸境

又见逸境的屋顶是两个大露台。登上露台，箭扣长城横贯于眼前。虽然是夏天，太阳落山的时候，这里的温度也只有十五六度，极为舒适。"后羿胜迹今犹在，射日长弓化苍山。凭栏远眺京师地，临风把酒唱雄关。"这时，厨师端上了烤好的羊肉，客人们配上上好的酒、吟着诗人的诗，有人弹着吉他，一种豪放的戍边生活感，让心灵无比快意和自在。

夜色再深一些的时候，便可以看星空了。箭扣长城不仅有险峻的关口，更是绝佳的观星地，来这里拍摄星空的摄影师络绎不绝。所以又见逸境也贴心地买了望远镜，让客人能够更好地感受星辰的魅力。康德说："这世界上只有两件事能震撼人的心灵，一个是心中的道德律，一个是头顶的灿烂星空。"在此刻，天高地迥，长城深邃，方觉宇宙之无穷。

午后，如果不去爬长城，可以躲在逸境里，跟着学雕刻出身的漂亮小姐姐学学雕刻；为了让客人的夜晚并不觉得无聊，又见逸境特地设置了酒吧，在酒吧里聊天，调上一杯属于自己的酒，对着这段最美野长城小酌，享受一段闲野的长城时光。

从又见逸境出来在村口徒步，不过 20 分钟即可走到箭扣长城。除了箭扣长城，还有一处必到之处——从又见逸境驱车不过 15 分钟即可到达的篱苑书屋。

篱苑书屋建在群山之间，孤独、静定、不动声色。它只有在节假日才对外开放，并且需要提前预约，这才是真正的"孤独图书馆"吧。盛夏时节，便是不仅去读书，开车至此，带一本心爱的书，坐在台阶上读着，无人打扰，天地一片安静。眼前是一片池塘，隐约虫鸣，蝴蝶和蜻蜓偶然飞过，青蛙投入池中，便是松尾芭蕉那有着幽微深远意蕴的千古名句："寂静古池旁，青蛙跳进水中央，扑通一声响。"篱苑书屋曾在美国网站评选的"全球最美十八座图书馆"里排名第八，国内也仅此一座入选。

在往返又见逸境的途中，会路过山吧，也会路过国际会都主场：雁栖湖。一路都是旖旎、柔软的风景，让人沉醉。

复得自然，又见心中隐逸闲致的心境，是谓"又见逸境"，这是一种历经繁华、质朴归心的人生状态。也正因为主人如此，所以这里才真是悠然见长城、见星空、见天地吧！

🏠 北京市怀柔区雁栖镇西栅子村旧水坑 43 号
☎ 15718833728
🏯 箭扣长城、篱苑书屋

CHAPTER 03
设计为生活发声

如果没有设计，生活该多么枯燥；正因为有了设计，生活于如此丰富有趣。的确，好的设计，调度沉睡的想象力和美学本能，让人热爱生活。青山周平设计的青米 Sth. here 力图通过空间和生活的设计所形成的"可塑力"，在过去与未来交叠的时间的正中间，寻找一种当代青年生活的可能性；如果要寻找一种最能表达新北京"潮骚范儿"的度假方式，那非新一代北京雅痞度假院落"隐世 Hutel"莫属，靠三间客房的设计，就获得多项国内国际设计大奖的扭院儿是隐世的代表，渔唐，超越平庸的日常，停下来，享受这一刻的人生；毛毛张的一楼，在可以住的画之中，让艺术介入生活，终于见到你，终于见到念念不忘的理想生活，麦语·云栖，无论身在何处，生活都是一段关于美的旅行。

有术 Sth.here
值得过的人生，就是眼前有树，心中有术

文 余音 图 有术 Sth.here

是什么给了我们最大的活气，让我们的生活跳跃生姿？

是比起活着，我们更有权利优雅地欢喜地活着。

诗在纠正生活，设计亦如是。

好的设计，调度沉酣的想象力和美学本能，让人热爱生活。在进入人生这一场欢畅的趣味之前，有必要先介绍下有术的设计。因为，想要真正地理解有术，在其中住出滋味，那就需要了解设计它的初衷。

有术的空间设计师是比人民币还火的建筑师青山周平，而 VI（视觉识别系统，Visual Identity）的设计则出自前知日设计总监马仕睿。两个设计领域的才俊，都可以称得上是一代文艺男神。二者联手的作品，单从视觉享受来说，便已是颜值地标了。黑铁、樱桃木和混凝土组成了青山最标志性的简素风格，而马仕睿以极简和纯粹的形式抵达了诗性和空灵的 VI 系统，两者珠联璧合地统一于有术之中。

城市化的大潮奔腾不息，时代裹挟着我们快速前行，高楼大厦让我们的生活有了明确的边界。尤其是互联网时代，抱着一台电脑、一部手机就能跟世界连接，世界大了，生活却好像小了。人与人之间是很远的疏离。被现代性解构得支离破碎的我们究竟需要怎样的生活？我们如何拥有完整的自我和生活？

在白塔寺再生计划的版图中，有术力图通过空间和生活的设计所形成的"可塑力"，用一种抚慰人心的柔软力量，在过去与未来交叠的时间的正中间，寻找一种当代青年生活的可能性。

西城的金融街往北、西四往西交汇的地方便是规制宏丽的妙应寺的白塔。白塔建于元代，是我国现存最早、最大的覆钵式塔，形制起源于古印度的窣堵坡。在白塔寺这片历史街区内，再具体定位到鲁迅博物馆，沿着涂鸦墙往东的胡同，咖啡的芬芳好像把整个胡同都浸透了。

芬芳的源点，便是有术 Sth.here。

红棕色铁皮墙向内凹出一道幽微的走廊，不长，却如隧道一般，尽头"Sth.here"闪动着亮光，也是隐约的诱惑。它就像一道神秘的指引，一个内心的声音，把你从街道带到庭院，从一个世界连接到另一个世界，它像调皮的爱丽丝渴望躲进黄昏的角落：这里将有一些有趣的事情发生。

走廊的右侧，不是传统的前台，却做了一个百分百的咖啡馆，通体的落地玻璃，即使在胡同里走过，也隐约能见到里面的场景。咖啡馆并不大，只一张长桌，开个六七人的部门会绝不局促。

早晨这里是有术的餐厅，午间以后这里便成了对外的咖啡馆。即使不住宿，也可以来喝上一杯咖啡，毕竟这咖啡香绝对值得停住。透过墙上的窗户，和三两好友聊天或者独自看着窗外的漂亮屋檐，就好像来到某个人的家里串门。咖啡馆的存在让幽静而传统的胡同，有了新一代青年生活活色生香的意味；而胡同，则完整而包容地接

纳了这个源于西方、却更受当代中国青年喜欢的咖啡馆，让自己丰富的内在更加丰富。

德国浪漫主义诗人诺瓦利斯曾说："个体生活在整体之中，整体也生活在个体之中。"建筑师青山周平，用设计让一些关系在院子内外真正生长起来："胡同的生活空间，跟城市是结合在一起的。胡同不是单一的生活空间，它和城市是互相不可缺少的一个存在。"

钢筋水泥已经把我们禁锢在自我的天地，我们还需要私密吗？也许我们需要的是走出心中的藩篱，和世界进行一场愉悦而有趣的对话。

正因如此，有术，对这个城市敞开自己。

塔：历史和当代、传统和未来的一场对话

刷卡打开那扇幽闭的红棕色铁门，一个崭新的、充满设计感的却又能让人感受到过去的温暖的四合院呈现在眼前。

一下子吸引目光的，便是院中的楼梯塔了。楼梯塔伫立于水中，耸过屋顶。通体古旧的老砖，点缀着几块新的玻璃砖，一味的传统中便点睛般跳脱出年轻、活泼的趣味。阳光把屋檐投影在塔身上，明暗之间的透视感、时空交叠的魅惑，好像历史的城楼要从塔身生出来。

塔边两张椅、一张几，几笔就勾勒出一种风轻云淡的闲散日子。吃酒喝茶，不求速醉，慢煮生活。

这个塔像是从日常生活中提炼出的神奇的想象。沿着内部的螺旋楼梯攀上去，你可以摸到老槐树密实的绿叶。灰色的、蜿蜒的屋檐像流动的海浪，目光在上面划过去，便是妙应寺的白塔。历史和当代、传统和未来就这样自然地对话了。

你可以俯瞰院内的景致，也许某个和你一样的旅人正从房间里走出来，坐在椅子上读书；你也可以坐在椅子上或躺在屋顶上眺望白塔，游目骋怀，可以抒情、可以冥想，让精神驰骋于法布里斯的钟楼时刻、于连的塔楼时刻、里尔克最后完成了《杜伊诺哀歌》的缪佐城堡时刻、陈子昂登幽州台的时刻，为这段楼梯做介质的对话画上一个深沉优雅、玄妙隽永的句号。

斜日将至，暝色逼人，塔便会亮起来。古老的院落成了新媒体艺术的展演现场。光影揉碎在水中，这方小院落，幽静之外也另添了一种精彩。不远处古老的白塔在黑暗中发着圣洁的白光。两者的对话，历史与当代，它们彼此都不是指引着他人的塔，而像是两只在黑暗中一起摸索的兔子，让整个世界泛着宁静和隐秘的气息。

郁达夫说，理想的房子应能登高望远，房子周围有树木草地。站在屋顶露台上，我想，便是不爱来上海、北平的郁达夫也愿意在这里享受北平这"春风沉醉的夜晚"吧。

一号房

二号房

三号房

居：有术。对话，无处不在发生；设计，无处不在发声

"有术"有六间客房，每一间的面积都不大，最大的一间31平方米，最小的20平方米。根据空间的条件，设计上各有不同，有的室内有花园，有的则被设计成高层床位或是榻榻米，但青山周平给每一间悉心设计了一些室内景观，并且都开有天窗，保证充足的光线。每个房间简洁而富有诗意，洋溢着人文情怀与哲学思考。

我最爱的是一号房。穿过窗边的小书房，床的里侧是一个三角形的区域，放置了绿植，变成

了室内"花园"。在"花园"旁，用大理石铺砌了浴缸。这片三角形的区域，以前是砖瓦屋顶，现在被改造成玻璃屋顶。躺在床上、坐在椅子上看书，或者在泡浴时，抬头便可以看到那株老槐树和天空。偶然或许有邻居的猫走过屋顶，虽在室内，犹在树下。阳光在叶缝间跳舞，白云不断变换姿态。人与自然的对话，并未因建筑而阻隔，心随时可以晒着太阳。

二号房与一号房设计风格相似，绿植区域采

用了日式枯山水的设计，三角形狭窄空间的白色墙体、光和影的和谐调度、砂石与苔藓之上虬枝旁逸斜出，小空间的完美设计体现出设计师自然运用的日系设计理念。

三号房是个Loft，可以躺在床上看星星。最有趣的则是楼梯的设计，左右错落不一的楼梯，并不止有趣，而是有着贴合脚步的韵律，上下楼都轻松自然起来。在有术，"设计不是一种技能，而是捕捉事物本质的感觉能力和洞察能力"。设计师通过对人类下意识动作的观察，从而带给生活最大的惊喜感。

而这种惊喜存在于有术的各个角落。"床品，必须我睡着舒服才敢给客人睡，毛巾洗过多少次才敢确认用哪个品牌。"老板"董少年"如是说。有术的家具摆设大多来自"新颖的创意、创新的科技和上乘的材质，并融合了愉悦、直接和简约的审美理念"的丹麦品牌HAY以及国内著名设计师品牌"造作"。一些小物件则是从世界各处淘来的。整个空间都是一种时尚的调性。

每个房间都特别定制了歌单，做迷幻摇滚和朋克舞曲的北京独立乐队 Future Orients 的郭震推荐的歌曲雅致而风骚。空间里供住客读的书也充满了浓浓的精英文艺气息。音乐响起，香薰机氤氲着冷杉的香气，麻木的感官好像被解放了，被岁月消磁的关于生活原初之美的记忆被重新唤醒。

六间客房并未刻意封闭。对于青山周平而言，他越来越怀疑现代人冰冷的私密观，因此，有术并不提倡绝对的隐私，而是在保有隐私的基础上，将老四合院过去生活中那些没有边界却充满着温暖人情味儿的场景表现了出来。巧妙安排的落地玻璃为客房巧引光线，也令住客一些可被公开的行动变得透明。"当然，睡觉和洗澡绝对不会暴露隐私，但比如坐在工作区的小沙发上，你可能会看到邻居正在泡咖啡。"青山如是说。本人也住在胡同里的青山很喜欢这种恰好的"分寸"："每个人都有自己的屋子，但是走出来，生活又会交叠。"这一切拉近了我们和这个世界的距离。

生活：有术。一起优雅而欢喜地活着

是什么给了我们最大的活气，让我们的生活跳跃生姿？

是比起活着，我们更有权利优雅地欢喜地活着。

因此，在有术制造乐趣才是乐趣的核心。

沿着楼梯塔的周围青石砖铺就的路面走过去，天台之下的长廊，墙上挂着几幅马仕睿颇有趣味性的设计作品，长廊东头的旧窗户再次将空间划分为两个区域，窗外即是庇荫着院落的那株老槐树。这个空间作为公共空间，则是有术为艺术为生活发声的地方。

有术：有技术、有艺术、有学术、有法术、有（ ）术，对于最后一项，有术并未自己设定而是留给客人一起在有术创造属于自己的可能。

集民宿、沙龙空间、阅读空间、设计师买手店功能于一体的有术，比起其他民宿的隐秘独幽，闪动着光亮、回响着诗意、跃动着生命、荡漾着音乐。通过对话，努力寻找自我与城市的关系，拒绝割裂，用独特的方式去与历史、世界、自然、艺术以及未来对话，这其实是新一代青年的生活观。

有术，Sth.here，here is where we meet。

🏠 北京市西城区宫门口二条 14 号鲁迅博物馆东 180 米

☎ 010-66495755

🏛 妙应寺白塔、北京鲁迅博物馆

有术 Sth.here

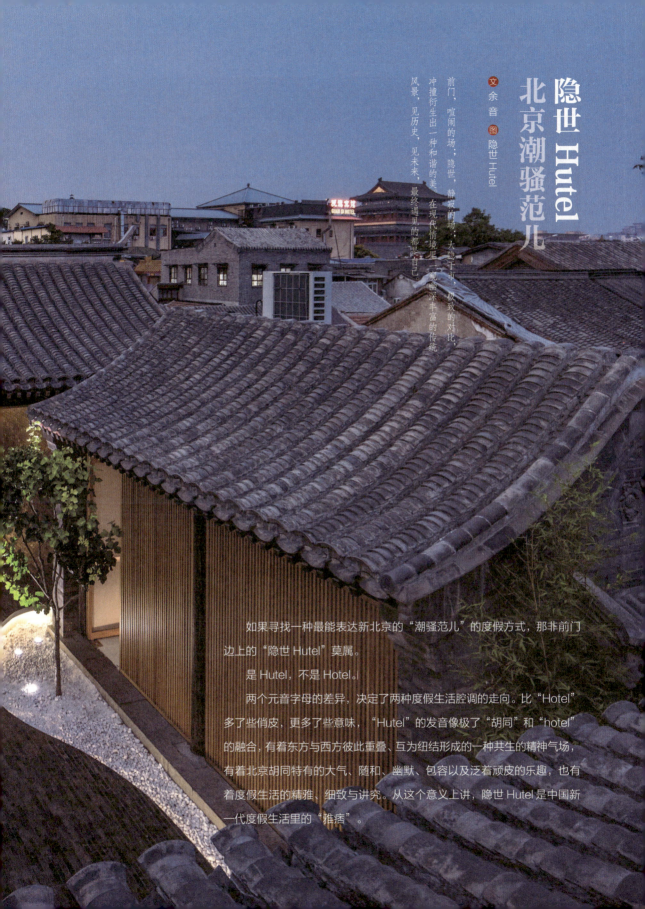

隐世 Hutel
北京潮骚范儿

文 余音　图 隐世 Hutel

前门，喧闹的场；隐世，静寂的场。大隐于市，极致的对比，冲撞衍生出一种和谐的美。在现代情境里，览阅沉丰富的传统风景，见历史，见未来，最终遇见的都是自己。

　　如果寻找一种最能表达新北京的"潮骚范儿"的度假方式，那非前门边上的"隐世 Hutel"莫属。

　　是 Hutel，不是 Hotel。

　　两个元音字母的差异，决定了两种度假生活腔调的走向。比"Hotel"多了些俏皮，更多了些意味，"Hutel"的发音像极了"胡同"和"hotel"的融合，有着东方与西方彼此重叠、互为纽结形成的一种共生的精神气场，有着北京胡同特有的大气、随和、幽默、包容以及泛着顽皮的乐趣，也有着度假生活的精雅、细致与讲究。从这个意义上讲，隐世 Hutel 是中国新一代度假生活里的"雅痞"。

扭院儿，新派创意度假空间

　　2017 年，北京城大大小小时尚青年、明星大腕以及生活美学达人着实被"隐世 Hutel"的第一个院子"扭院儿"这个新派度假空间撩骚了一把，连金马影后、时尚小花周冬雨和马思纯都来此打卡，林志炫希望在台湾有一个这样的家。一时之间，这里成为区分你的趣味是低级还是高级的重要评判。

　　扭院儿到底有多美？

　　它就像是在时光的背面，坐在外庭椅上，山楂树掩映摇曳，一束往日寻常的午后阳光，沿着唇边，一寸一寸地倾斜下去，都有着遁世般美好而新鲜的光景。

　　朱红的门，在北京的胡同里，并不特别。推开门的一瞬，灰墙绿竹纯白石子开始让你觉得这里风雅到每个角落。一片黑色波浪强烈袭来引你看向院内——

　　周边四合院拆除时保留的旧砖铺就地面，起伏蜿蜒、宛若波浪，流动到室内，"扭"上墙壁，形成独特的曲面墙。这种设计更符合中国人审美的曲线，有弹性、更柔和，内在的张力氤氲着一种强大的魔力，整个空间是静止的，却又给人一种移动的视觉享受。那一瞬间，会让人想起葛饰

北斋的《神奈川冲浪里》，也会想起回不去的童年、滑梯和土坡，迎着风滑下去就很快乐。

空间保留了北京传统四合院的主体结构，又被赋予了更现代化生活方式的表达。曲线并不只是华丽的视觉，设计师把厨房、厕所、仓库等必要辅助空间，藏在波浪状的墙壁后面，接待台、用餐区等主空间，则在这些灰色波浪的衬托下对外展示，与庭院连成一体。

方寸生万千，四两拨千斤。板正四方的建筑拐了几个弯，木质格栅、通透的玻璃窗与院内流动的地板、卵石形成对比，空间中灵性动人的品质，打破了秩序的森严，也散发出率真的生命质地。

进入正房，曲面墙如瀑布倾泻而下。房内只有简约的中式木质桌椅，多余的东西都被去掉了，形成一种极致的静美。"这是客房？"被这静美沉醉之后，若你还有份清醒，你会问自己。

这就是 Hutel，不是 Hotel。区别于传统的酒店设计，在扭院儿，除了南房是用于举办多人活动的会客场所外，北向正房、东西厢房均以集成设计，被赋予卧室与茶室、会议室等多种用途。正房内的墙体中嵌着一张大床，折起翻落间就能在卧室与书房、客厅间灵活地转换角色；厨房或卫浴间则藏在砖道曲面墙的背面。东西厢房的木质地台暗藏可遥控的桌台，床品被收在隐藏的橱柜内。就寝、静读、畅聊、品茶、会客……同样的空间适用不同的需求，随机应变地转化为不同的面目，依照需要，自由自在地改变使用的空间和时间，形成了一种创意度假的模式。正是这种源自自我的需求，重新、随意组合空间关系，让这里有了家的感觉。家，是自己的魔方。

扭院儿之妙，妙在没有明确的主体定义，它不具体告诉你它是什么，却又留有很多线索，指引你去发现、去创造属于自己的闲漫时光。空间不大，但生活无限。这是一种自由，身在其中，随心所欲。

扭院儿由北京获奖无数的网红胡同茶馆"曲廊院"的设计师韩文强所设计，老韩对于胡同改造、当代生活与传统文化的融合有着独特的理解。但是扭院儿打动人的，并不只是设计语言的新颖和技巧的深思熟虑，而是空间中荡漾着的那种素简的风流，好像一杯小酌，看看隔壁的鸽子在屋顶伫立，就可以让灵魂慢下来。因此，你能感觉到一种人的心气，在我们年轻的生命里有很多形状，你要自由，谁也无法将你囚禁。

前门，喧闹的场；隐世，静寂的场；大隐于市，极致的对比，冲撞衍生出一种和谐的美。

叠院儿，一家无人的酒店

西河沿胡同的尺度是北京少有的宽。从前门大街沿着西河沿胡同一直走下去，走到胡同西头就是百年老字号全聚德的总店。但在将至未至的时候，你的目光会被一栋有点儿苏式混血味道的胡同建筑吸引并且驻足。朱红的旧门灰的砖佐证它的历史久远，拱形的窗印证了历史长河中它也曾受到外域影响。时光迁移，经过现任主人的整饬，它让整条胡同多了份惊艳。

推门进去，左侧的白石瘦竹似曾相识。它叫叠院儿，北京首家无人酒店。看景致、听名字便能推断出它与扭院儿的关系。这是隐世 Hutel 的第二个院落。

与扭院儿不同，叠院儿采用了三进院落的设计。公共空间、休闲空间、居住空间，层层递进。

公共空间，原木色继续唱主角，简洁到不允许一丝累赘，把空间还给人。老房梁还在，这里民国时是青楼，中华人民共和国成立后是面包房，历经历史的千挑万选，这个空间不再仅是个物理的空间，还具有时间的含义，正因此才有了更加吸引人心的艺术张力。

休闲空间，桌椅都是透明的，充满异次元的未来科技感却又有着至清至明、至远至空的"空"的禅意，让人觉得遥远不可捕捉又温暖贴近人心。在空间的递进中，私语般的细竹、雾化的玻璃墙面成了分隔符号，既保留了空间私密，又有一份轻盈、朦胧、欲说还休的中式婉约之美。

庭院深深，重重叠叠。穿过休闲空间，是叠院儿的住宿区，共7间客房。可以静思冥想看窗外幽竹，可以清晨看胡同的屋顶鸽子飞过落入寻常百姓家，可将正阳门收于眼底看历史变迁……

隐世的主人王燕说："让客人住得舒服，这是隐世最基本的原则。"在这老建筑里，隐世 Hutel 与智米合作，以全智能居住方式，在这个传统的北京胡同里对高科技的智慧做了完美实践。无论你选择何种度假情境，这里已经不需要房卡，而是完全通过人脸识别进入房间。酒店配备了自助入离机，只需要在终端机器刷上自己的身份证，系统就能够自动查验身份信息，快速办理入住。房间内的智能住宿家居体系对温度、水质、室内空气进行了综合的智能控制，保证一年四季房间内都处于一种优氧温润的舒适状态，完全不必担心雾霾、北方的干燥以及胡同固有的湿冷。空间内的声与光不再需要人为控制，而是随着你的醒来或者睡去缓慢开启，在这时间的正中间，窗外历史深沉，室内身体依然沉浸在智能科技的体贴中。此时此刻，过去、未来，时间流动，想象的疆域不断拓展，以挣脱空间羁绊。在现代情境里一窥幽深丰富的传统风景，见历史，见未来，最终遇见的都是自己。

区别于很多民宿或者非标精品酒店，隐世 Hutel 的酒店管理来自洛杉矶的索菲罗兰酒店，这让整个居住体验都有着强烈的国际感。阳光般的温暖、细节的讲究以及多元包容感带给客人随意和自由。

这里不仅有美国管家，还有米其林三星大厨的弟子做主厨，提供创意西餐和创意中餐，满足味蕾的挑剔。不过，餐饮服务需要提前一天预订。而在叠院儿，餐饮上做了更大胆的尝试。东西方食材大胆混血，混搭出目不暇接的视觉和味蕾盛宴：老北京的豆汁儿、北冰洋袋儿淋被大厨组合出很洋范儿的甜品，颇有北京大妞穿上晚礼服的惊艳；老北京炸酱面，用日本和牛肉做酱，在味觉和视觉上都重新诠释了传统味道……

隐世 Hutel 的主人王燕说，她更愿意将"隐世 Hutel"定位为城市会客厅。这个灵感的缪思是"北京设计周"，再没有一个地方，像前门这样，沉淀着八百年古都的深沉凝重，也吸纳着世界的文艺声音。所以，"隐世 Hutel"是一个为中国的设计发声的地方。所以，她以全球视角，构筑了这样一个以住宿为入口，集合时尚发布、私董会、艺术展演、文化沙龙、创意西餐于一体的城市度假空间。

正是这样的定位，来这里度假的人很多本就居住在北京。王燕把这种现象称之为"宅度假"。这种度假方式，正是隐世的前瞻性美学思维所引领的一种新的生活方式。也许，旅行的目的，不

是走多远，而是心有多自由。不要让自己的心情囿于一场用空间来丈量宽度的旅行。要知道，你要做的是活出宝贵的内在，让自己的人生成为奇特的艺术旅程。

几步路的工夫就可以在这里触摸到老北京的肌肤，也可以听到国际的呼吸。去大栅栏感受老北京的商业氛围；杨竹梅斜街因为模范书局有了浓浓的文艺范儿；去琉璃厂体会一下淘古玩的乐趣。若是吃货，前门附近几乎汇集了所有的北京老字号，都是地道的京味儿；北京坊则给了游客更现代时尚的休闲娱乐选择。国际展演也永不落幕：去国家博物馆看一场文艺复兴的展，去国家大剧院看一场高水准的表演或者去中山音乐堂听

一场中国爱乐乐团的演出。

"我的城市，在所有充满活力之处，为我沉思和独居的生活留出一方幽静之地。"翁贝托·萨巴如是说。

大隐于市，是一种美妙的生活姿态，一份随时隐逸的"思"生活。大隐者，以完全放下的姿态，探索、构建生命中的种种快乐可能，不基于表象的张扬喧哗，更注重内心的深邃丰满。可纵歌于闹市，可清谈于林泉。静时，可以心照不宣；兴起，可以秉烛夜谈。时尚时，国际美学碰撞；庄重处，古都气韵流动。自在、闲逸、舒缓、雅致、任情、任性、不必自我约束、不必趋附世俗价值，来隐世 Hutel，做一个"possibility maker"，用创意、人文、美学和历史去创造你往后的精彩人生。

🏠 扭院儿：北京市西城区排子胡同 27 号
　　叠院儿：北京市西城区西河沿大街 159 号
☎ 4000111575
🏛 前门、中国铁道博物馆正阳门馆、国家大剧院、中国国家博物馆

渔唐

三个骚气老文青在精神上的一场远走高飞

文 余音 图 渔唐

上帝说，要有光，于是便有了光；文艺大叔说，要能隐渔盛唐，于是便有了「渔唐」。

摆在中年的无外乎两条路：拿着泡着枸杞的保温杯，彻底坠入油腻的庸常；或者历经千里，归来仍是少年。前者不再对生活的可能性抱有探寻的兴趣，而后者则坦率展示每个人都有的深藏不露的生活性情，在现实之外寻找另一种诗意生活可能。渔唐无疑是后者。

爱意味着学会注视自己。三个好友，一个是国内顶级的空间设计师，一个是跨界营销高手，一个是上市公司的CFO，三人都想做一件关于未来的事情，这个未来就是一个真正承载灵魂的地方，让自己的心灵可以任意驰骋。上帝说，要有光，于是便有了光；文艺大叔说，要能隐渔盛唐，于是便有了"渔唐"。

渔者，隐士也，高远冲澹、悠然脱俗，好比"西塞山前白鹭飞，桃花流水鳜鱼肥。朝廷若觅元真子，晴在长江理钓丝"。唐，是盛唐气象，气度雍容、从容快意。"渔唐"——种精致、适意的隐居度假生活。为此，他们在怀柔慕田峪长城脚下的景峪村承包了100亩板栗山林，占据了一个山湾、一池碧水，按照自己的心意，把自己内心的灵魂乌托邦，以建筑和生活的方式呈现出来。

抵达渔唐的时候，天很晴。阳光把大片的栗子林照得闪亮，一切看上去都新鲜极了。

沿着坡路上来，便是渔唐的餐厅。路右侧的栗林之中，闲散地分布着吊床，最适合清晨或阳光柔软的傍晚躺在上面，遥望湛蓝天空，此时树叶籁籁作响，却有一种把喧嚣拒之门外的力量。读书、发呆、漫无目的地想些遥远而有趣的事情。渔唐的主体在一个下沉式广场中，宛若在幽谷之中。

渔唐由三个好友中建筑师侯玉斌所设计。渔唐的初衷便是做自己想做的事情。为别人设计过太多建筑的侯玉斌，在设计属于自己的作品时，依照自己的心意，随意游走，而多年的设计经验，又让其在呈现作品时有着恰到好处的克制。

这是个回归天真的过程，沸腾的心绪终于尘埃落定——建筑与自然，进行了一场神秘的、高度统一的对话：立面以木、石为主，线条简洁沉静却又充满生命力；元宝枫、池塘、荷叶……组成了中央的园林，整个空间引人联想，这种狂想、自由、有秩序，透着浓浓的风雅闲寂的日式风格。

渔唐

　　渔唐整体空间不小，但只设置了 21 个房间，室内空间尺度十分开敞。每个房间都拥有不同的建筑格局和风景，而开阔、舒适、私密是共同点。黑胶唱机、壁炉、户外私密小平台、观星浴缸、豪华冲浪浴缸、办公书桌、会客区、私有园林、禅修区……根据房间主题和空间的不同，做着不同的设置。小吧台上放了红酒和桃红葡萄酒，让空间一下子多了温柔和旖旎；房间里的花器是自己开采、打磨的。一言以蔽之，渔唐的空间能让人感受到一个阅尽繁华的文艺男对于生活的骚气畅享，而这种看似沉默的空间力量，却能唤醒人最本真的意识：人活着，首先要取悦自己、尊重自己，永远不要走出自己，因为你的灵魂在里面。

　　老文青的骚气并不仅体现在空间视觉氛围的营造，内里的品质也绝对是以身心的舒适为前提，很讲究，不将就。洗浴备品是欧舒丹，而像床垫这种需要跟身体接触的，都是选了又选，才从香港寄回的。

渔唐的餐厅聘用顺德大厨，用粤菜手法改造本地食材，以特色一品蒸为主、广东汤和小炒为辅。餐厅依照本地时令，每周都提供不一样的餐牌。餐厅分室内、室外两个部分。阳光晴好、不冷不热的时候，坐在栗树下吃饭，便有一种"把酒话桑麻"的平淡快乐。除了有顶级的食材，更值得一提的是，渔唐所在区域是北京一级水源保护区，130米的自有岩井，甘甜清澈的泉水可以直接饮用，泡茶味道更佳。

　　渔唐的生活，隐逸而不单调。

　　住宿区域有一个特别大的书吧，沙发舒适得让人想一下子陷进去。四面落地玻璃窗外是用竹子间隔开的外墙，阳光透过间隔洒进来，光影幽谧，倒真像博尔赫斯所说："如果有天堂，天堂应该是图书馆的模样。"在如今电子书盛

行的年代，渔唐更主张有温度和墨香的纸质阅读，因为这样真的能让心慢下来。渔唐的书都是捐赠而来的，每本书都有着它自己的来处和故事。沉下心来，在隐居之中寻找和一个更广阔的心灵世界沟通的路径。于是，我们在此相遇。

瑜伽、健身、禅修，在渔唐，回归心灵，做一个古希腊般健全完美的人。而在亲子活动上，渔唐也十分有特色。它与山林兵者合作，设置了有挑战但又专业、安全的攀树活动，家长可以放心地把孩子放在这里，一玩就是一天，让自己的时间回归自己。

在餐厅外闲坐的时候，我发现每棵树上都有标牌，写着名字，原来来这里的人，可以在渔唐认养一株树。

两排竹子荫出一条窄路，曲曲折折走过去，竟是一片豁然开朗，心情的那份神奇和惊喜宛若武陵人误入桃花源："山有小口，仿佛若有光。便舍船，从口入。初极狭，才通人。复行数十步，豁然开朗。土地平旷，屋舍俨然，有良田美池桑竹之属。"当然，这并不是一片田园，而是一个

在栗林包围之中的户外咖啡吧。池中水雾氤氲，纵不是阆苑仙葩，也有林泉雅致。咖啡、茶、酒、手工甜品，随意选择，可以在自己的传奇里出神，也可以置身于音乐会、鸡尾酒会、露天电影院，享受着渔唐对于美好的诠释。这里也可以举办山林BBQ，渔唐提供新鲜丰富的食物供烧烤。因为是山中、林里，气温平均比城里低上五六度，自然风吹过，时光是软的。渔唐，不仅适合情侣、家庭度假，也十分适合闭关创作、公司团建。

在弗吉尼亚·伍尔夫看来，在英格兰西南部广袤的海滨地区度过的假日，不仅是伦敦刻板生活的片刻喘息，更是"理想生活最美好的开端"，在渔唐亦如是。它超越了庸常的生活，让我们看见，生活还有另一种优雅的可能。

灵魂所在，便是吾乡。信仰所致，此心无殇。这道打动人心灵的风景，你经过、看到，却不曾停留，那么，你的心便迟钝了。

停下来，享受这一刻的人生！

🏠 北京市怀柔区渤海镇景峪村梁家峪 49 号南 100 米

☎ 010-61632740

🏔 响水湖长城自然风景区、慕田峪长城

毛毛张的一楼
可以睡的画

文 余音 图 毛毛张的一楼

这一方蓝色的天地，是我们自己的。虽然它并不大，但是那种美依然提醒着我们：热爱艺术，它让每个日子都优雅有礼。

"矾根开花了，
牵牛花又开了一茬，
荷叶满了盆，
铜钱草又长高了，
新娘吊兰沐浴着阳光肆意地绽放，
空气凤梨也在生长。
围墙真是很奇妙的东西，
有人用它来禁锢自由，
有人用它来享受自由"。

说这话的是一个叫张毛毛的女画家，她说的是她心灵的乌托邦，她的艺术仓库，也是她的民宿。她称它们是"看得见风景的房间"和"蓝屋"。

虽只隔一条10秒便可通过的马路，比起南锣鼓巷的人声鼎沸，北锣鼓巷就安静缓慢了许多，但是那里文艺气十足，更像一只珍惜自己羽毛的鸟，内心有着国王般的骄傲。古槐的巨大树冠罩着一条街的灰房子，很凉快。街上有很文艺的小酒吧，外面支着桌子，三三两两的年轻人很惬意地坐着；Paul Smith 粉的房子在街上格外抢眼，引得很多路人拍照；这一切跟老头老太太们的卷舌音一起混成一道独特的北京味儿。这种味道，来自真实的、没被侵扰的日常生活。一座城真正的精髓，在于它不被打扰的那部分。与生活有关的一切，才是一座城真实的模样。

毛毛的民宿便位于这样一个不被打扰的生活区之中。步行到南锣鼓巷、五道营胡同、后海、雍和宫、国子监、簋街、钟鼓楼等，逛累了、聊累了、喝累了可以倒头就睡，清晨醒来可以蓬头垢面地在胡同里漫步，吃个果子喝碗豆浆，不用洗脸和化妆，要的就是自在。方圆20米之内雅到极致，方糖咖啡馆、英国酒馆等围绕着；如果想接地气儿，隔壁是手工面条和大饼，走两步是蔬菜水果店和便利店。这是地道的北京生活。

王菲的八卦中最经典的场景莫过于像一个普通的年轻女人一样睡眼惺忪地走在胡同里。世人皆云王菲为爱放低身段，我想她除了爱那个赫拉克利特鱼群里的尤物，也爱这种自在的、不被打扰的故乡生活吧。

作为一个艺术家，毛毛觉得美并不和生活的自在与随意冲突。恰好，当一个人在一种自在的真实状态、有着流畅的生活趣味的时候，人生才是优雅的。就像老舍说的："除了为小猫上房，金鱼甩子等事儿着急之外，谁也不急叱白脸的。"

毕业于中央美术学院版画系的毛毛，其实倒是和北锣鼓巷很像。对于灰色狂欢的当代艺术圈的各种喧嚣，她始终保持着清醒的距离。每个人的选择不同，呈现出来的气息就不同。初见她时，宝蓝色贝雷帽、蓬松的小螺旋卷发、猫一样的眼睛，这些都是她的典型标志。你在她身上看不出任何艺术家的高高在上，相反还保留着那种发现一件好玩的事儿便睡不着的童趣。但她举手投足间，你都能感受到波希米亚式的莫测的魅力和强大的自由。她的民宿并不大，不过是一个人的家，却如同一个宝库般引人入胜，你会不断渴望，在她家的每个物件里去寻找她的故事，那些我们也渴尝的人生。

不同于大多数的民宿靠着建筑设计就成为网红的成名之路，毛毛的民宿，外表看起来就是北京胡同的千万百姓的房子。但当你推开门的那一刻，你便进入了一个斑斓的艺术家的生活和创作领域，在居住过程中获得的艺术刺激和内在的快乐，更加频繁和深刻。

毛毛的理想是打破艺术和生活的界限，让艺术真正地融入生活。

在毛毛的眼中，世界就是一个精美的画框，只装得下美。而你，除了沉醉，别无他路。

毛毛张的一楼

看得见风景的房间

去蓝屋之前，先去看得见风景的房间，拜访了毛毛。

院子里长满了植物，就像她描述的那样，还有几棵高大的竹子随风摇曳，院子里能听得到小鸟的鸣叫，非常安静。配上一张蓝桌子，很多人会误以为这是丽江民宿的经典场景。

院里的 loft，一层便是客房，对着小院儿，这也就是看得见风景的房间的由来。二层是毛毛张自己的卧室。一只有琥珀色眼睛的名叫法老的加菲猫正睡在床上。露台是公用的，粗大的藤爬满了露台。凉风习习的夜晚，最适合在露台上泡一壶好茶，眺望远处连绵不断的屋顶。毛毛有时候也会在此画画。

小院儿的另一侧便是厨房和客厅，也兼具餐厅的功能，客厅里有很多很文艺的书以及毛毛旅行淘来的东西。虽然没有注明含有早餐，但是只要毛毛在家，不愿意出门的话，一日三餐都可以含有，赠送是一个艺术家的艺术趣味。家里有手冲咖啡的器具和茶具，可以按照自己的习惯去选择。

蓝屋：在蓝色和艺术中，做一场波西米亚的梦

　　推开蓝屋的门的一瞬，眼睛就会醉了。虽有一扇老木门在门口处做隔挡装饰，但室内墙壁浅浅深深的蓝色还是能映入眼底，或宁静深沉、或明媚热烈，层层递进，整个屋子蓝得像酒，让人想起夜游塞纳河时船上的烛光晚餐。

　　"蓝屋"和"看得见风景的房间"类似，都是loft。进门便是一个客厅兼卧室。这是北京胡同里很多寻常人家的生活格局。

　　墙是泛着灰色的蓝，很轻盈，像餐前的香槟一样轻盈舒适，挂着毛毛从尼泊尔淘来的毯子和

毛毛的画。房间里有一张宜家可折叠的白色床，一人或者夫妻来住，便可折起，作为客厅待友；若是两三个朋友，便可作为卧室，互不影响。深红底子波希米亚纹样被罩床单、床头床边的老木桌上摆着的老电视、各种花瓶和市面上少见的小玩意儿、毛毛自己在瓶子上画的画，都是不经意间的小惊喜。地毯是绛红色的，和墙壁的蓝倒是冲撞出一种浓郁的个性。地毯上同色系印有墨西哥著名女画家弗里达的标志性头像，彰显着画家的不俗品位。

　　毛毛很细致，进门前，便点好了香薰。游丝般的香气配着波西米亚的氛围，身心一下子就放松了。整个一层的感觉很像电影《爱在日落黄昏时》结束时，杰西去赛琳娜的家，赛琳娜学起了尼娜·西蒙唱歌。尼娜·西蒙富有情感、带有气息的颤音，那样的蓝调，很适合当下的环境。

　　再往里，便是厨房，十分规整，没一丝油腻。

住得久的很多客人都在这里买米做饭，街口的大饼、面条是一绝，经常有很多人排队。

　　厨房的边上便是楼梯，墙壁的蓝色浓艳起来，像是佐餐的葡萄酒，是"人生最美莫过于初吻和初次喝到的那一杯葡萄酒"。墙壁上装饰着毛毛个人风格强烈的画作，倒像是找到了灵魂伴侣，两相愉悦，皆大欢喜。楼梯上挂着一把红色小提琴，让人不禁想起了游走在时间长廊三百年的《红色小提琴》，耳边隐约响起吉卜赛人的即兴演奏，会把人带向远方。

楼上的卧室用色更是大胆。墙壁的蓝、窗帘和地毯的红、靠垫的黄，都是明艳的。陈设是一如既往的艺术范儿。每来一个客人，毛毛都要回答一遍床和床单被罩都是在哪里买的。床并不名贵，床品也并不珍稀，只是这一切被艺术家的手魔力般地组合后，便有了一种有张力的美。

正因如此，蓝屋的这个卧室成为一众女文青的"床照"拍摄专属场地。毕竟，去一个时尚建筑地标拍摄，那是大众网红才愿意做的事儿，对于"我不和谁争，和谁争，我都不屑，我最爱大自然，其次是艺术"的女文青来说，这样的"床照"刚刚好，不失女人的优雅风致，又免于堕入大众审美。

浴室很宽敞，整洁的白，倒是很适合对洗浴挑剔的人。

最爱这个卧室的阳台，蓝色依然蔓延着，围合成一片，在这里可以看着窗外发呆，也可以坐在桌前读书。这一方蓝色的天地，是我们自己的。虽然它并不大，但是那种美依然提醒着我们：热爱艺术，它让每个日子都优雅有礼，就好像一杯餐后的白兰地，"没有白兰地的餐宴，就像没有太阳的春天"。在此，也可以说没有美和思想的生活，就像没有花朵的春天。

毛毛张的一楼

毛毛的民宿，是找不到那种当下流行的性冷淡风的。因为是自己的家，所以空间里堆满了各种有趣的、美好的小玩意儿，整体又很和谐。混搭，更考验一个人对美的把控。房间里的一切都是她用心创作的，确切地说，这是她自己的房间，她艺术创作的地方，每一个小物件、每一个织物的颜色无不体现着毛毛的审美。这是她的精神自留地，她自由驰骋，她不刻意讨好任何人，但欢迎每一个有相类灵魂的人。

"没底气的人，很容易被淹没在层层叠叠的色彩和错觉中。"我笑着跟毛毛说。

"还好，我觉得来的客人都挺有范儿的。"毛毛笑着回我。

🏠 北京市东城区北锣鼓巷

📞 021-80187829-165111

🏯 南锣鼓巷、后海、恭王府、五道营胡同、雍和宫、国子监、簋街

终于见到你
所有的遇见都是久别重逢

文 余音　图 终于见到你

终于见到你，见到的，是相类的灵魂，是念念不忘的理想生活，更是灵魂回归身体的自己。

连接怀柔与延庆的延琉路是北京最有诗意的一条山路。

山路蜿蜒，谷壑转换，人迹罕至，只留你与群山对话。途中或许有几个疏落的村子，偶尔有小松鼠一跳一跳穿过公路，倏地又钻进山林里，一切又恢复寂静。这条路是机车爱好者的天堂，你或许会遇见一排哈雷摩托车队，用速度和激情刺破群山的寂静。

山在和你捉迷藏，在兜兜转转之间，一个北方院落悠然出现在路边。

院落里，一株像守护者的苍翠古树，冠上挂着红色的绸布和风铃。风轻轻吹来，风铃响动，清脆悦耳，像流动的诗。树下支着一张桌子、几张藤条椅。桌上摆着一篮这里的特产——榛子，任留下或者路过的人品尝。这榛子倒像是在替主人迎接客人，它沉默不言，又天生好客，好像它在那里，就是邀约，等待着注定相遇的人。

这时，你会瞥见"终于见到你"，它赫然镂刻在一块铁皮之上，边上镂刻着一对幸福相拥的青年男女的小像，那种幸福感不自觉就生出来了。

终于见到你！

主人精心布置的多肉摆在矮墙上，一只猫正慵懒地享受着阳光，这一切都明媚晴朗，都让你觉得应该让心在此晒晒太阳。看着群山与河流，读书、发呆或者干脆只看看午后有没有车从门前的路上再经过。那一刻，你会明白生命只有一次，我们应该放下经纶世务案牍劳形、扔掉高跟鞋和口红，奢侈地慢下来。

怀旧与摩登混搭风

　　"终于见到你"的前身是 20 世纪 80 年代的一个供销社。老板娘文娟是建筑师出身，本着"无为而筑"的设计理念，她尊重它的建造历程，试图找回它最本真的面貌，让它重新生长，发酵出岁月变迁的味道，所以，才有了"终于见到你"这个真正有灵魂的栖居之地。

　　"终于见到你"是典型的北方民居的红砖房，无一经过刻意装饰，八十年代"发展经济""保障供给"的牌匾依然保存在餐厅的外墙上，有着岁月斑驳的味道。

　　少量很欧式色彩的墙砖装饰、大规模玻璃窗的运用，让整个餐厅既有 20 世纪 80 年代的"神"，亦富有十足现代混搭风格。

进入餐厅，左侧的红砖墙壁十分别致，红砖凹凸之间，形成了立体的、生动的一道音符，随意挂着一些东西，给整面墙都赋予了"有趣的灵魂"。

板栗爱烧肉、核桃 love 莴苣、三丝来开会、嫂子的核桃饭、虫草花煨鸡汤等，养生暖心。餐厅外面即是河流，河对岸即是山，即使在室内，也有山河陪你进餐。

餐厅外侧是一个客厅。石头砌的墙壁和壁炉、烧壁炉的木头整齐地堆着、咖色的皮质沙发，使整个空间有一种沉静的、来自自然的深沉味道。冬天有雪茄和威士忌，大概谁都会深陷下去，任精神远走高飞。

终于见到你

院落式度假生活

　　从客厅出来，即到了院子。不同于其他北方民宿院子改造时注重独门独院的清幽的度假体验的方式，文娟保留了老供销社旧有的空间肌理，打造了"院落式"度假生活。

　　"院落式"很好地保留了"供销社"的集会、社交功能。通过公共空间的运用，唤起人与人之间在城市里被疏离了的美好邻里关系。

　　一进门，一大片称得上奢侈的草坪映入眼帘，它安静而平整，与背后奔放的群山，既是对比又

和谐地融为一体。

　　一进大门，右侧是一个半室外性质的休憩区，几组沙发，临石而建。阳光充足的午后，拿一本书让风帮你翻页或看着孩子在眼前的院子中嬉戏。不远处就是山，山顶有白云躲躲藏藏，你与它只隔着这个院子的距离。

　　院子里的儿童乐园，沙地、秋千、滑梯、木马……全是当地的师傅采用轮胎、木材这种当地随手找到的材料手工打造的，朴实而有趣。

草坪一侧是一个下沉式户外客厅，大家落座一堂，围着篝火且谈且歌。最喜的是，客厅边上的李子树，春天白色李花把院子点缀得十分清丽；秋天时节，李子熟了，随手摘下即可入口，绵软清甜，透着自然成熟的香气。

终于见到你

院子尽头，七间客房傍山而立。每间院子均由石砌的矮墙、树木花草隔开，既保留了房间的独立性以及必需的隐私空间，更成为细部的精致景观。

情侣客房，浴缸置于落地窗的阳光露台上，关掉灯的样子才韵味十足。微梦升起，夜空为幕，群山为挡，虫鸣做音乐，星月做烛光，星月映在水中的细碎的银光代替了矫情的玫瑰花瓣。所谓浪漫，无须想象，不用造作，天地之间真诚的心跳才是真实的信仰。

亲子房设置了儿童最喜欢的阁楼床、涂鸦区和游戏区，形成了一个梦幻城堡。不仅如此，整个"终于见到你"就是一个大自然幼儿园，这里的大人会和孩子们一起爬树，一起在石头上画画，一起踏寻昆虫的足迹。

最大的一间是榻榻米客房，可同时容纳两个家庭或几个朋友的聚会度假。

客房虽各有主题，但整体风格却简约、本真。每间客房的阳台部分，均设置成小茶室，形成了一种"闲寄"的氛围。少了日常会话，只留手的轻声细说、物的呢喃低语，光影风声，深埋在心底的自然随之苏醒。

除了房间的屋顶保留了老房子的木梁和檩条，有一间客房的山墙是用石头纯手工砌筑的。灯光打上去，与洁白的床品呼应，拙朴中有现代、原始中有精致、凛冽中有温柔，让每个入住的客人都产生一种置身于房屋之内、自然之中的奇特体验。

选择民宿度假，与其说是走进了别人的生活，不如说是走进了别人充满情趣的心思。

终于见到你

　　在饮食上，"终于见到你"也给足了惊喜。村里主产药材、榛子，院子里的核桃、板栗也是触手可及。专业厨师和文娟团队脑洞大开，利用这些食材玩出了美味花样：板栗爱烧肉、核桃 love 莴苣、三丝来开会、嫂子的核桃饭、虫草花煨鸡汤等，养生暖心。文娟爱吃豆腐，村里有一位豆腐西施自产自销，团队又为文娟研发了一道菜："老板娘的豆腐"。

　　他们对当季打下来的优质土特产做了精美的包装，"举个栗子""有你榛好"，传达出文娟和村民共同经营这份乡村产业的小幸福。而这种随身带走的小温暖也成了非常流行的伴手礼。

念念不忘的理想生活

老供销社的繁华已然不再，文娟和她的朋友们又赋予了这个空间新的生命。利用她在艺术、文化领域的资源，艺术交流展成了这里经常的活动。在自然山水之间，自由创作，纵情交流。

村子本身就是个自然博物馆。春夏时节，大片的田野里开着五颜六色的花。而这些美丽的花花草草，其实都是药材。

"终于见到你"的美四季不落。春天，桃花、杏花在山里怒放；夏夜，星空就在院子里你抬头可见的地方，还有萤火虫飞过，童年的梦境变成了现实；秋天，不远处的九眼楼长城可谓是必游之地；冬天，他们自己动手做了爬犁车，带着孩子们在门前的雪地里撒欢。

终于见到你，见到的，是相类的灵魂，是念念不忘的理想生活，更是灵魂回归身体的自己。

🏠 北京市怀柔区琉璃庙镇二台子村 88 号
☎ 15010363101
🏡 九眼楼长城景区

麦语·云栖
人在大地上诗意地栖居

文 余音 图 麦语·云栖

温暖、健康、优雅、自然、舒适。而这些，才是麦语·云栖最动人的品质。在这里，你能处处感觉到温暖，那种温暖，即使在阴雨天，也让你觉得可以战胜西西里的阳光。

麦语·云栖

rural sc

一个好的精品度假酒店不仅仅体现在建筑的优美，还要有出色的自然和人文环境、惊艳味蕾的精致食物、热情细致的服务以及舒适的居住体验。麦语·云栖精品度假别墅便是此间经典。

"麦语·云栖"光听名字，就让人的心头荡漾着温暖的诗意。

麦田，是海子守望的精神家园，是梵·高看到的乡间的美好和复原力量。季风从麦浪吹过的声响，麦浪涌动着阳光般的金色，空气中有一种和谐的、泛着阳光气息的麦香，就像德拉克罗瓦作品中的断音一样。云呢？见了大地的麦浪如语，丝绸般轻柔，怕也是"云游了三千岁月，终将云履脱在最西的峰上"。

麦语·云栖，是人在大地上诗意地栖居。一切都很暖。

第一次去麦语·云栖是参加它的一周年庆典。其时微雨，乌云如泼墨般，雨迅速把它又晕开了。从北京城里到司马台长城脚下、司马台村的麦语·云栖，简直就是立体的空山新雨图。当车子终于抵达时，雨中的麦语·云栖那温暖质感的实木立面，简洁阔朗，很现代又很离尘，质朴而浪漫、低调而优雅，就好像它的英文"rural scape"那样。此时，城市退回自然，喧嚣退回宁静，瞬间生出城市的浪子终于飘落山川的归属感，心中有一种超越语言的豁然开朗以及不可言说的温暖。

是的，温暖。毋庸置疑，麦语·云栖是美的。2017年，第十七届中国饭店金马奖评选中，麦语·云栖凭借精湛的设计、完善独到的生活美学理念，一举获得"中国最佳精品设计酒店"及"中国最佳生活美学酒店"两项殊荣，这便是最好的证明。但麦语·云栖不止于此。很多设计师酒店很容易陷入视觉的狂欢，从而忽视了度假最本质的需求：细腻温暖的服务。麦语·云栖却很自然地突破了这个局限。"麦子"的英文"wheat"恰到好处地传达了酒店的理念：w-warm, h-healthy, e-elegant, a-natural, t-comfortable——温暖、健康、优雅、自然、舒适。而这些，才是麦语·云栖最动人的品质，也是其内在美丽所在。所以，在这里，你能处处感觉到温暖，那种温暖，即使在阴雨天，也让你觉得可以战胜西西里的阳光。

Check in之后，工作人员给每个人都发了雨伞，然后指引大家到各自房间。路上才发现，麦语·云栖并不是一个集中的区域，而是零散分布在司马台村的各条街道上。司马台村2015年曾被评为"中国最美乡村"，风光优美、环境怡人，植被覆盖率达78%。村子里各家各户的前后院长着桃、杏、梨、苹果、栗子等果树。因为是传统旅游村落，所以村里生活十分便捷。

定位为花园式休闲度假别墅的麦语·云栖，凭借设计者的身份，将乡村文化与度假文化有机结合，在保持原有建筑外观的基础上，不动声色地修改，将这个整齐划一的乡村点出了阳光度假小镇般的精彩。

　　每栋别墅外面开拓出了一个小院，既保证了与整个村子的亲密感，又保证了住宿的私密性。一株海棠、一张桌子便有了悠然的味道。

　　室内并没有刻意展现设计师高于常人的审美，而是把日常之物的美学设计趣味传达了出来。于是，整个空间便生出了一种令人亲近的温暖自然。百年榆木、天然砖石，搭配最朴素的混凝土，成为酒店最基础的空间物料。在软装上，也传达了温暖的日常生活，很多家具都是量身设计的，清新的原木搭配简约的轮廓，删减掉所有不必要的烦琐；床品有一种带着童趣的天真，让你忍不住想要做一个无忧无虑放肆奔跑的孩子。也许正如创始人赖军先生所讲的："美，并非遥不可及；麦语·云栖，可触碰的生活之美。"

雨停之后，距离庆典尚有时间，便在村里游
荡。在司马台长城脚下的村庄，抬头就能看见长城，
天生自带故事感吸引人去发现。

路过麦语的餐厅时，工作人员正在布置现场。

天色尚白，但黄昏的灯亮起来了，一瞬间的恍惚，
宛如闯入了意大利南部某个乡村的晚宴现场，就
像拉丁民族的细胞在身上重生一样，我相信：生
命就该是一场尽兴的狂欢。

麦语的餐饮很有创意。虽是乡村度假，麦语·云栖在餐饮上并不强调乡土特色。或者说在内容上是自然而健康的，但是在形式的表达上，更强调优雅和精致。菜品都是根据时令选择最优质的本土食材，若是肉类和海鲜须经多道工序严格筛选，经过顶级厨师之手，再呈上饭桌，既新鲜又雅致。这味道后来成了一种惦念，每次路过古北水镇，总要吃上一口。有一年春末初夏微雨，在此吃完饭，坐在门口的椅子上，抽了一支雪茄，看着远山，等着雨停。山的气息和雪茄的香气，在这个温暖的空间之内，氤氲出许多美好，那一刻，觉得时间也散成了一缕幽香。

室外烧烤也是麦语·云栖的亮点之一，不可不体验。在满足家人朋友相聚的悠闲下午茶、浪漫烛光晚餐、欢乐烧烤派对、趣味采摘等需求的同时，麦语·云栖开豁与私密性兼具的完美庭院空间也为室外婚礼、露天电影等多种户外活动提供了无限可能。

深夜来临，你若在外面游逛，难免会找不到自家门口，这时总有麦语的工作人员悉心为你指路。司马台村是传统的旅游村，若有兴致，还可以在村里的各种餐厅和三两朋友吃烤串喝啤酒，体验一把乡村世俗生活。

那晚回到房间时，竟然发现这里有"开夜床"的服务：床已经铺好，还贴心放了牛奶。所谓快乐的人生，无外乎由这些看似微不足道却感人至深的无数小惊喜组成，而这些体贴和善意足以拉近一个酒店和客人之间的距离。麦语·云栖期望打造的是值得回忆的度假体验，我想在我忘了许多事之后，那晚的温暖是我依然记得并会提及的事情之一吧。

次日清晨，起来继续在村里游逛，摘了村民的果子，然后沿着村边的河散步，雨后的空气更加清新，整个人都是安宁、舒爽的。不远处便是司马台长城。1987年，司马台长城被列入世界遗产名录，是我国唯一一处保留明代原貌的古建筑遗址，被联合国教科文组织确定为"原始长城"。中国著名长城专家罗哲文教授评价："中国长城是世界之最，而司马台长城是中国长城之最。"2012年，司马台长城被英国《泰晤士报》评为"全球不容错过的25处风景之首"。此外，周边还有古北水镇、黑龙潭、白龙潭、京都第一潭、桃源仙谷、紫海香堤薰衣草花海庄园等著名景区。

所以，入住麦语·云栖，绝对不会只有对着自然发呆的单调。因为除了爬长城，麦语·云栖也设置了骑行、跑步、垂钓和滑雪等颇受欢迎的健康休闲活动。

麦语·云栖并没有刻意去强调乡村，而是针对自己的定位，向有境界有高度（善与爱）、有见识有能力（知识与素质）、有审美有趣味（对美对艺术的敏感度）、有修养有定力（平和从容的心态）的自然贵族们，以融于自然和历史的美，打造适合他们需求的更健康、更多元的精雅山居度假生活，这才是它的要义。

"无所驻处是真心，一切过程都可能成为艺术。这个艺术过程的结果不是产生艺术品，而是产生一种趣味和心境。"这份源自自然的雅意，便是麦语·云栖。

"无论身在何处，生活都是一段关于美的旅行。"两年过去，我依然记得笑容温暖的赖总在周年庆典上的讲话。

北京市密云县古北口镇司马台村沙岭44-2号

☎ 010-81089668

🏠 古北水镇、司马台长城、紫海香堤香草艺术庄园

Chapter 04
过两日乡野生活

你有多久没有看过星星了？你有多久没有呼吸过新鲜的空气了？

城市急剧膨胀，心好像也没了故乡。越过城市的藩篱，我们更渴望在青山绿水之间自由呼吸，过三两日乡野的生活。

去"姥姥家"，笑容灿烂幸福的大姐在看似简单的家常问候中让你感受到生活不仅是要生活着，更要活出美好；在"瓦蓝·永无乡"，释放不想长大的纯真，把生活欢喜过了，在这里，亲身体验三对明星夫妇的幸福三重奏；在北京海拔最高的"森林乡居"，让困顿的心灵在森林中获得风一样的自由；在"日光山谷"，带着家人朋友一起，让身体撒欢儿，让灵魂歌唱；在神堂峪，让"驿"旅轻"云"轻轻拂去案牍劳形的尘世生活积累的尘埃。

姥姥家

姥姥家,心中永远的故乡

文 余音　**图** 姥姥家

山楂汁、手擀面、手工馒头、笑得灿烂幸福的大姐、家常的场景、生活的简单快乐……这些都像是符号,唤醒我们对于故乡的记忆,那里会让我们想起我们是谁,告诉我们最重要的不是活着,而是活出美好。

　　姥姥在我心中永远是故乡。

　　姥姥不在了,故乡便没了,这大概是幽居在每个在姥姥家长大的北方孩子内心的乡愁。

　　城市,是几千万人孤独活着的地方。人口很密集,内心很疏离,人人都进化得可随意转换几副面孔以备不同场合需要;钢筋水泥丛林里急速穿行,生命的可视范围越来越小;在想象里看夜空的星星;雾霾让呼吸都成为奢望。幸福是什么? 大概是银行账户上成 N 次方上涨的数字吧?

　　去姥姥家的前一晚,我正在三里屯耍得欢,办公室的八卦、社交场的风月、不切实际的商业构想以及光名字就纸醉金迷的酒,"故乡何处是,忘了除非醉",没有故乡的人很容易被这种都市的摩登氛围所迷倒。

　　电话响起,典型的北京大姐的声音,利落、爽朗。大姐告诉我她是姥姥家的管家,大姐嘱咐了我交通并问了我大概的到达时间,以便准备餐饭,又嘱咐"快到的时候,您告诉我,我接您去"。知道这是礼数,但那种没经修饰的乡土的真诚、不说场面话的朴素和彼时所处之境形成了冲撞性对比。

　　越是不和谐的,越容易冲撞灵魂。

抵达之时，正是中午。

屋顶青山下流水——一路上关于"姥姥家在什么样的地方"的想象最终定格在这七个字。

从地理位置上看，姥姥家位于北京市房山区周口店镇黄山店村，正在幽岚山景区。周口店是世界上最早的人类文明进化区域之一，1929年中国古生物学家裴文中在此发现原始人类牙齿、骨骼和一块完整的头盖骨，证明了50万年前此处即有人类活动。

这是我们的来处么？抬头看上去，山峭得好像一点儿也没打算留坡度，树木苍青翠绿，用色大胆如儿童的涂鸦；天空清凛透明像被染成蓝色的光滑镜子，如天地初开一样蓝得莽撞。

没有皱纹的祖母是可怕的，房子亦如是

穿过老树、修竹的林荫，一处老院子被古槐掩映着，山做院墙树当穹，那股子山隐劲儿，一下子就全有了。

山墙上写着"姥姥家"，麻绳编织的网罩着，好像粗朴的老日子织成的。墙是百年老墙，门是百年老门，门楼上覆着青苔，一切都是老样子，被时光染了颜色。

几乎这房顶上便是山了。山顶往下倾斜的坡度与房顶形成了完美的平行，想来一百多年前，在造此房子时，便有了这样对自然恒久致敬的诗意吧。山，是唯一长久存在的，可以蔑视、抵抗

速朽和衰败。一切速朽之中，最脆弱的便是我们匆匆一现的肉身。晋人想得开，不如饮美酒，被服纨与素。今人呢？至少也该懂得：人生短暂，应该学会享受生活。

每个废弃的民宅，都曾是一家人的宫殿

姥姥家其实有四个产品：姥姥家、黄栌花开、桃叶谷、云上石屋，各有特色，适合团建、朋友组团、拖家带口度假。我们住的姥姥家是个套院，一共有六间客房，一个大院子。

"姥姥家"是隐居乡里的设计总监金雷获得意大利 A' Design Award 大奖的作品。但进了院子你就会发现，这里朴素得根本找不到任何设计师炫技的意图，不抢历史和自然的风头，不拿传统煽情，不用农家乐表演，一切都是自然生长。这种反英雄主义的朴素之中让你明显感觉到一种

生动地展示了我们渴望的理想生活状态的品质。正如司汤达所说："美，是对幸福的许诺。"

　　进门右侧便是晚清的老宅，它像一个有见识的见证者，曾见证了五代人的生活。现在，又见证那些在这里度过幸福度假时光的客人的笑容。

　　屋外一张小桌、一把竹躺椅，也许多年前，姥姥就坐在这椅上一针一线地缝着游子身上衣。躺下去，背后的弧度是恰到好处的舒服，眼前就是屋外青山满目苍翠。一本书、一壶特产的黄芩茶，就是一个午后的时间去处。

外观上建筑师恢复了老宅原来的老样子，内部保留了老房子的柱梁，夯土老墙通过镂空成了景观。阳光通过窗前的树、老窗棂洒进来，树和窗在墙上，影影绰绰，就像老年人的叙说，既细腻又动听。

　　建筑师充分利影这个神秘的东西，阳光透过满院的树洒在地上、房间内，随着时间的流动而变动，就像投入大地的万花筒。

　　姥姥家最大的房子是 2 号院，一间带公共客厅的大床房，边上连着两个对称式大床房。外面被透明质感的玻璃挡着以保证室内私密，并有竹子和红枫作点缀，有了朦胧的诗意。

　　室内是典型的北欧简约风格设计。客厅墙壁搁板上摆着书、套手玩偶、公仔，还有画板和彩笔以及一本羊毛笔记本，孩子可以尽情地写写画画。客厅和房间像其他屋子一样保留了榻的设计，可以享受以前的待客之道，也更充分地利用了空间，人多时还可以做一张小床。卫生间都是全景天窗，洗澡时还能望见星空。客厅外背侧又设了个迷你小院，可私密赏山。

从老宅和 2 号院之间的通道过去，经过石片垒成的幽暗走道，便是有"靠山"的大床房。这边也有藤桌藤椅，这里也是一方私密幽静的空间。

老宅和 2 号院之间，便是公共的院落。室外餐厅就餐、秋千上发呆、帐篷里是不愿意长大的童年，对小孩子而言，整个院子就是一个新奇的世界，让他们饶有兴致地去奔跑、探索。

一直以为，"姥姥家"这个名字的灵感应该来自捷克作家鲍·聂姆佐娃的长篇名著《外祖母》的取景地霍德雷地区，被人亲切地称为"姥姥谷"的山谷。

"没那么复杂。住在这里的姥姥希望保留这老房子。"运营负责人蔡勇告诉我。为了姥姥这个心愿，留住这份老，房屋的加固投入了大量的资金。"我们老板说，每个废弃的民宅，都曾是一家人的宫殿。"蔡勇告诉我。

第一日：
青山绿水之间，自在野一次

　　吃了下午茶，便溜达出来爬山。不过两分钟，穿过桃叶谷，便是快活林和醉石林。

　　论会玩儿，谁也比不过大自然。两座倾斜的山峰架起山门，开了窄窄一道缝儿，是对人类的挑衅，也是诱惑。当地人叫醉石林蟒儿岭或大乱石，据说原名叫蟒精岭，倒是颇有魔幻色彩。一路之上怪石层出，震惊着视觉，从石门开始，神龟石、母子石、人面狮身石、将军石、前石院、后石院、大平台。人在这样的自然造化面前，才会知道所谓个体皆如尘埃，也因此，我们才会明白谦卑的幸福。

快活林往里的峭壁边上，可体验目前亚洲最长的飞拉达攀岩线路。攀岩，是身体和山的亲密对话，征服与顺势不断拉锯、身体对抗地球引力、突然滑下的恐惧、重新找到支点的欢喜。自然是最好的训练场，被城市生活麻木的嗅觉、触觉、听觉此刻都醒了，当你突破极限征服一座山的时候，你就不再是原来的自己，尽兴活着、自在呼吸，此刻你是更强大、更广阔的自己。

下山时，在快活林小憩了一下。快活林有大面积的公共就餐休闲区，可以吃农家菜、自助烧烤，可以荡秋千、看瀑布、玩沙子、参加篝火晚会、看乡村电影……此时山色已渐浓郁，小孩子在疯跑，修葺得如花园一样讲究的桃叶谷的后面已经升起袅袅炊烟。一派优雅安逸的新田园风光与醉石林的突兀奇险形成了鲜明对比。

眼前的一切好像回到小时候，夏夜，天黑了也不要紧，世界也全是乐趣，和小伙伴们蹿到野地里，草和庄稼里有夜露的清澈，听蛙叫，听蟋蟀唱歌，我们也唱歌。那时，月亮在薄云后面，天空闪着寥寥的星。

晚饭后，坐在院子里看星星闲聊，夜风中些许凉意，整个身心都是愉悦的。入夜，床品是亚麻的，沐浴露和洗发露的茶香是比香奈儿五号还贴身的睡衣，一夜好眠。

翌日醒时，只有鸟儿们扑打翅膀在山林间追逐的声音，歌声洪亮或悠长或悦耳或柔和，这些声音好像从空旷而沉寂的远古传来，带着大自然的淳朴，让你不舍得睁眼去打破这良辰。多久没有这样优雅地醒来了？我终要暂时回到喧嚣，但此刻会是点缀我人生的珍饰，会不断亲身或在回忆里光顾。

但我必须起床了，作为吃货，还要在恰好的时间吃到阿姨的手工馒头。这一刻，也只能如所罗门写春天的美景良辰般如此结束："斑鸠的声音在大地回响。"

第二日：
人生如梦，活出滋味

一天的幸福是从早餐开始的。

姥姥家的手工馒头也是一绝，据说纪录是有人一顿吃了六个。我吃了四个半，胃还有空间，但想给自己留一个再来挑战纪录的惦念和借口。

吃罢早餐，便去爬坡峰岭。如果说，醉石林是男人的狂野征服，那么坡峰岭则是女人的柔媚梦幻。

盛夏花开雾锁丛，叠翠烟罗寻旧梦。从阳光明媚天气还不燥热的五月初开始，直到六月的夏日，整个坡峰岭会弥漫在一片粉红色烟雾的花海中。这就是黄栌花开。

黄栌又被称为"烟树"，花朵呈丝羽状花絮，犹如夜空绽放的烟花团。藏在黄栌花间的民宿云上石屋，站在半山腰放眼望去，像被包围在朦胧的粉色梦里。据说这里每年旺季都一房难求，需要提前一个多月才能订到。

半山腰的百年黄栌树王，如锦缎般绵延开着，不知是哪位神仙希望人类相信这世间终有美好，便遗落一粒种子，要为这世间造一处红丝绒蛋糕一样的梦幻仙境。

做人太苦，成仙太难，不如醉眠于这黄栌花间。

姥姥家美食词典

值得一提的是，姥姥家是全素餐。因为村里没有畜牧业，尊重当地食材，所以做了素餐。跟院内的竹子很呼应："可使食无肉，不可居无竹。无肉令人瘦，无竹令人俗。"如此，姥姥家倒是给了城里人一剂又美又雅的生活良方。

手擀面

一碗家常手擀面复活了藏在一万多个味蕾里的故乡记忆。

抵达姥姥家的中午，一进门，管家大姐笑着说："把东西放下，先来吃饭吧。"那语气就像我回到姥姥家，妗子在说话。

午饭并不复杂花哨，是大姐亲自做的手擀面。面都是大姐计算好时间来做的，所以会提前问我们时间，以保证我们吃到时口感最好。

面很筋道，没有过水，还留着面汤的温醇黏稠。吃完了，再喝一碗面汤，原汤化原食，地道的北方吃法。

面是少年时就凝固在舌根的老味道，朴实中有惊艳。这味道于我，就像玛德琳蛋糕之于普鲁斯特，瞬息之间就开启了一扇通往过去的门。那种感受口弗能言，但有种抚慰人心的柔软力量，仿佛是"通向某一最私密、最体贴的角落，人被镇住，恍惚出神，对周遭的一切视而不见"。

一碗阳春面在精神上支撑着一个欠下巨额债务的日本家庭度过了最难熬的时光。香港电影里有一句经典台词："你饿不饿？我给你煮碗面。"以前觉得无厘头，这一刻倒是醍醐灌顶。对于我们饥肠辘辘的胃、饱经沧桑的身体来说，没什么比家人给你做的一碗舒适温暖的家常手擀面更能复活身心、安抚情绪的了。

下午茶

午餐的手擀面才吃完，大姐便已嘱咐我们休息好后，三点开始下午茶。

这个时节的下午茶是蒸南瓜和红薯，配着新鲜的圣女果，对下午三点的胃来说恰到好处。

树荫把暑气全挡住了，阳光也并不缺席，风声沙沙作响，透着凉爽，偶尔传来大姐们闲话桑麻的家常。大家也懒懒地聊着一些趣事，习习风中看着这山、这树浪费一个午后，也不失为天大的幸福。

环境变了，心境就变了，话题也就跟着变了。这一刻，看得见风景，找得到生活。

山楂汁

　　饮品是惦念许久的山楂汁，冰凉沁脾，如老友相见。第一次喝到是在一个寒冷的冬日，那天因为工作走了很远的山路，回城路上，到姥姥家另一个兄弟项目山楂小院歇脚，沁凉的山楂汁配着刚蒸出来的暖暖的红薯和其他果子，一个大姐在一旁陪我笑着唠嗑，所有的疲累瞬间就没了。那场景在我往后的岁月中，就像一幕无声电影，带着香槟色丝绸一样的柔软，不断回放。

素晚餐

　　爬了一下午的山，回来时大姐已经准备好晚餐。最爱的是茄子、豆角、土豆炖在一起，是北方典型的炖菜，不短不长，整整炖了一个小时，虽是素菜，却吃出了肉的味道。

手工馒头

　　手工馒头也是姥姥家让人上瘾的撒手锏。管家用土法发面，纯手工蒸的馒头暄软又有嚼劲儿，散着发面的香。刚蒸好的馒头抹上腐乳，香滑而又筋道、甜香中泛着淡淡的咸味儿；配上砂锅熬的浓稠的小米粥以及腌黄瓜、土豆丝做的小菜，日常的好滋味里是简简单单的舒服。

野桑葚

不管是醉石林还是坡峰岭，都有很多野桑葚。果子并不大，有紫色、半熟的红色、淡淡的青白色，小巧地缀在树叶间，阳光透下来，甚是玲珑可爱。果实也非常甜美。相比之下，城里卖的那些追求大和饱满、通体黑紫的桑葚倒显得笨拙无味了。这些野桑葚都可以采摘，在坡峰岭一个名叫"红色背篓"的小餐馆里还可以喝到自家酿制的桑葚酒。

有人说，回味就是回忆。吃本身不一定重要，附着于那一味之上的记忆才重要。所以，吃饭这件小事儿，其实是隆重的大事儿。在姥姥家这看似简单的家常饭的背后，有着唤醒生活温度的用心。

在人人有 15 分钟成名机会的现代，"隐居乡里"的创始人陈长春到底用了什么样的武器，让姥姥家在内的"隐居乡里"的项目成为北方乡村度假网红的？这是我曾经想了很久的问题。

现在我明白了，山楂汁、手擀面、手工馒头、笑得灿烂幸福的大姐、家常的场景、生活的简单快乐……这些都像是符号，唤醒我们对于故乡的记忆，那里会让我们想起我们是谁；告诉我们最重要的不是活着，而是活出美好。

越过城市的藩篱，这两日乡村生活，比很多长途旅行获得的自由还要多。今年过年，我也会包个小院陪家人一起过年吧！

🏠 北京市房山区周口店镇黄山店村
☎ 13701286871
⛰ 幽岚山、快活林、醉石林、坡峰岭

文 余音 图 瓦蓝·永无乡

瓦蓝·永无乡
误入明星的幸福二重奏，不知不觉不想走

永无乡，一个原本不存在、地图上也找不到的地方，却是每个不想长大的人内心安放的无忧无虑的天真时刻的梦乡，清晰地刻在内心深处他人无法企及的地方。

永无乡·贰号院 II

HOTELS & RESORTS

轻／享／时／序／生／活

Neverland，是苏格兰小说家詹姆斯·马修·巴利笔下小飞侠彼得·潘所居住的梦幻岛，梁实秋先生将此翻译成"永无乡"。

永无乡，一个原本不存在、地图上也找不到的地方，却是每个不想长大的人内心安放的无忧无虑的天真时刻的梦乡，清晰地刻在内心深处他人无法企及的地方。但梦想，就如太阳，总有夸父一样的人会追逐，因为被追逐的梦想才动人。所以北京大哥王全喜在箭扣长城脚下、黑坨山边打造了属于自己和一群相类灵魂的"永无乡"——纯净情境中的一片纯真的诗情画意。

抵达瓦蓝·永无乡，要经过北京最美的骑行山路。走过北京的很多条山路，皆苍翠浓郁，峰回路转，但唯这条路，让人心生欢喜和诗意。

进入瓦蓝·永无乡，第一眼便被大地色民居上升起的玻璃红屋顶给吸引了。远处可见的苍翠青山，头顶着蓝天白云，眼前这一抹红，妍雅纤丽，潋滟如相思的红豆、如心头的朱砂痣，恋着旧日时光。招呼我们的全喜大哥，告诉我们"红屋顶"的灵感取自中国传统的灯笼元素。通过简约的现代表达，在这幽静的自然之中，犹如灯塔一样指引着每个想回到自己内心的故乡的人。

永无乡的设计是北方院落的大气敞亮，质朴敦厚，像要吮尽生活的精髓，分外扎实。一砖一石，

一屋一瓦，取自在岁月中即将消逝的老建筑，看似平凡无奇，但设计中的它又以崭新的面目呈现出来，协调而优美，流露着禅意，好像岁月的脚步都被它拖慢了。院落之间的围墙并不高，院内院外有着恰到好处的沟通尺度，不喧嚣、不疏离，有独处时的宁静私密，也有邻里间的亲密友善。"我们希望这里是有生活感的空间体验，是自然的、健康的、生活的。"全喜大哥说。

为此，永无乡的建筑师做了如下的设计思路："永无乡所在的头道梁村地处燕山山脉，起初的人们因山就势，耕读传家，形成了'恍如隔世'的人居文化生态环境。古老的生活边界在消融，现代设计的力量使得生活的质感突破了空间的界

限。城市的花园只到围墙边，但永无乡的院子一直延续到天边。"

　　顺着红玻璃屋顶的院子，往里走下去，开阔敞亮的绿地连着远处的山脉。燕山山脉这一峰，像是永无乡内心的私享，绿地之上四面透明的玻璃房子，是个可以开私董会的公共空间，却好像莫名刮起一阵风，吹来了巴厘岛吃稻田午餐的清风与稻田的清香。

　　全喜大哥指着眼前的石板路告诉我："这就是大Ｓ和汪小菲骑自行车时大Ｓ哭了的那条路。"平日不看综艺娱乐节目的我这才知道，原来永无乡就是腾讯非常火爆的一款节目《幸福三重奏》的拍摄地。《幸福三重奏》没有任务、没有竞技、没有脚本、没有外界干扰，《幸福三重奏》的明星夫妻只需要在镜头下自在生活就好，福原爱和江宏杰新婚夫妇的甜蜜暴击、蒋勤勤和陈建斌老夫老妻的"佛系"生活、大Ｓ和汪小菲结婚八年

却依旧充满了童话。节目又慢又有烟火气，向我们还原了爱情和生活本来应该有的样子。因为真实、自然、环境美，这档节目刚上映就有了1.8亿的收视率。

　　因此，这个安静的永无乡便有名气了。外面会有三三两两慕名而来的人参观或者住宿，让这个原本贫困的空心村一下子热闹起来。甚至吃饭的时候，搬迁来当地的小伙子也跑来取经。"这样很好，我们还是希望通过我们做的一些事情，给村里也带来不一样的变化。"全喜大哥讲。而我这个来永无乡的起念竟然无意间让我追了一把网红节目。

　　既如此，我们索性就参观了三对明星夫妇的居住空间。虽然每个村庄，民居大体相类，但走入不同的家，你会发现不同的面目，这就是一个村落最鲜活的"魂"。

大 S、汪小菲夫妇的丁香院

紫丁香清雅名贵、情味隽永，倒是十分合大S的气质神韵。进入院落，老屋的主构，用了落地玻璃和实木搭配，原乡的粗朴中有现代的简约。室内装饰以高级黑和高级灰为主，软装上更加注重时尚。最喜欢餐桌边上的窗户，这个季节，外面是浓浓的绿意，便是坐在桌边看着远处如庄园般修葺得整齐的草坪，和心爱的人一起发呆把越来越少的生命时光大把浪费掉也是美的。

爱使人勇敢，被爱使人柔软。北京爷们汪小菲把女王范儿的大S宠成了任性小女生。有人说大S作，一开始我确实不理解为什么汪小菲骑个自行车都能把大S弄哭，但也许她在乎的并不是路，而是王子是不是能保护公主吧。其实勇敢的大S明知现实很骨感，却有勇气和智慧让它变成小确幸的童话。不善言辞的汪小菲遇上心思细腻的大S，这段不被看好的婚姻却已经持续了八年。好的爱情，大概就是这样，你在闹，我在笑。

福原爱、江宏杰夫妇的樱花院

　　进入院落，便是浓浓的日式的闲寂。院子被竹子包围着，院落中铺就的是白色鹅卵石，间隔着灰黑的石台，院落本身倒像是一个枯山水的作品。整个室内空间充分运用了日本民居的格局特点，木质的茶几和单人椅、两盏白色的日式挂灯、门前的一颗小樱花树都是彻头彻尾的日本生活基调，简单、干净，透着浓浓的和风味。

　　最温暖的誓言，就是"和你在一起"。在樱花院，新婚燕尔的福原爱江宏杰夫妇展现了幸福婚姻的理想样子：在"新家"完成了最初写下的心愿清单；在京郊的星空下、和风里、镜头前一遍遍告白，"每天吻君一百遍"，频频撒糖。如此甜意满溢的院子，会不会成为以后小情侣度假首选？即使是久入婚姻的伴侣，因漫长岁月的庸常和种种琐碎的烦扰而对彼此失去最初的爱意，但如果记得初心，给生活一些温暖的仪式感，那么我们会不会活成更好的样子？

陈建斌和蒋勤勤的合欢院

　　"四郎"的房间则多了庄重典雅的意味。客厅里白色的木椅沙发和一张圆形的古典茶几、墙上几幅中式水墨装饰画，有着沉着的古典意味。整个院落共有三个房间，相互独立互不干扰，眼前皆有景。主卧的设置沿袭了客厅的庄雅风格，但是床边吊着白色帷幔的圆形浴缸，则让空间多了份性感活泼的情趣。次卧能看得见院内的风景，特别设置的儿童房则对着窗外的草地。

　　门前的小庭院可以喝茶、下棋，屋里则是一间小小的书房。木质的古典镂空书架和实木书桌，

砚台笔墨，举案齐眉，光芒闪耀的人生里也有"窗竹影摇书案上""赌书消得泼茶香"的寻常时光。

　　厨房和餐厅的空间很大。我们在这个院落中用餐。北京伏天的中午，前后两边的门均敞着，前院树影婆娑，后院门外的草坪和山成了这餐厅的景观，外面却看不到屋内的情形。穿堂风吹着，轻柔而凉爽，大家闲聊着，就像一个忙完农事的午后，这世界除了丰收再没什么值得烦忧的了。

红屋顶的非花院

　　不用怀疑，光是那个红屋顶，这个非花院就已经是心中至爱了。

　　像其他院落一样，这里也有开敞式的厨房，各类食材一应俱全。两间卧室也是素简中有温柔，朴素中有自在。帷幔的应用，让人想陷进这精神的温柔里，好像会有什么幸福即将飘然而至。

　　最爱客厅的红玻璃屋顶了，仰头看上去，就像小时候拿着一块彩色玻璃放在眼睛上，看着天空。这时，天空是红的，而"大地蓝得像一只橙子"，你有所有太阳的快乐。

城市精英的心灵故乡

在瓦蓝·永无乡，空间中有一种明显的精英归隐的气质。全喜大哥告诉我，他就是要打造一种"平行"的生活，就是在永无乡，既能看得见风景、找得到生活，又不放弃城市特有的品质与舒适。他说："我想把城市中的品质生活平移到乡村自然的环境中去，希望越来越多的人能用城市人的生活方式去感受这里的慢生活，这并非易事，但很值得。山里自然安静的环境让人感觉很安心，一上山就不想下去了。未来我想为来这里的游客提供更完善的游览体验，民宿人就是有一种坚持，既然选择了，就义无反顾地做下去吧。"

轻享时序生活

在永无乡会看到这样一句话：轻享时序生活。这是瓦蓝的度假理念，重视休闲度假本身，走出空间与时间的局限，体会时序自然中亲切可感的美好：春天的花、夏天的叶、秋天的果、冬天的雪，看树木枯荣、闻花的香、尝果的甜、听蝉的鸣鸟的歌唱、跟夕阳和青山捉迷藏……还有身边有温暖的爱人执手。在自然的野趣之中，四季是分明的，时光是悠然的，生活是有着欢喜的味道的。

重山之隔使永无乡多了一片远离尘嚣的恬静和安闲。但在永无乡，你是不会孤单的。除了村里四季交替的美，周围则是森林原岩、溪水谷地、长城蜿蜒、田园百草，据说方圆百亩内生长有200种左右的中药草；闲了还可以爬京郊最美野长城——箭扣长城以及"京北第一高峰"黑坨山，不远处还有被誉为"京郊最美图书馆"的篱苑书屋。

以善意作为情怀的真实美丽

瓦蓝很美。这种美不仅是空间的，也是来自人性的。在我们心灵的故乡，我们所渴望的美，并非只是空洞的空间；更多的，我们希望我们纯真、善良，如在大地上自由奔跑的孩子。

来瓦蓝·永无乡之前，朋友们已经说过瓦蓝创始人"瓦蓝"和"别人"夫妇人都很好，负责北京瓦蓝·永无乡的全喜大哥人也很好。到了瓦蓝之后便深刻地感受到了这种平易待人的舒畅。工作人员的服务很细致，记得午饭时候，餐已备好，皆是当地时令食材，搭着上好的滇红。席间，携父来此的好友说父亲的胃不好，我就随意说了句："叔叔您以后可要多喝小米粥。"没想到过了一会儿工夫，管家大姐便端了小米粥过来："这是我们自己的午餐，给您盛了一份儿。"那种感觉很像小时候，谁家有人病了想吃什么，周围正好有的就会送了过来，大家不会客套，因为这就是乡村之中最淳朴自然的邻里关系。

全喜大哥也主动跟我们聊起了创始人"瓦蓝"和"别人"夫妇，那语气绝非恭维，而是透着诚挚的敬意。三十而立的年纪，当其他年轻人还在为世俗的荣耀奋斗的时候，"瓦蓝"和"别人"却跑去云南支教；因为喜欢云南，并且希望为当地的人做更多的事情，夫妻二人便于此开了客栈，也开始了民间的公益之旅。发展至今十余年间，瓦蓝已相继在丽江、大理、泸沽湖拥有了多家度假酒店，在北京、浙江、贵州等地建成和筹建了多处度假项目，将一个带着个人标签的住宿品牌变成了一个成熟的文旅品牌。

而瓦蓝的公益事业也从未停止。2007年，瓦蓝助学大米计划正式启动，5000斤大米分批运送至"瓦蓝"与"别人"夫妻俩曾经支教过的乡村完小，每一次，都会有来瓦蓝住过的老客人随工作人员同去助学。瓦蓝助学大米计划进行到第5期时，同时启动了图书、饮水公益设施捐赠计划。截止到2017年，瓦蓝助学大米计划进行到了第19期。一直在和瓦蓝夫妇一起做公益的全喜大哥讲着，今年不忙的时候，他要回云南看看孩子们。

不知不觉到了要告别的时间。第一次，我觉得有个地方，它的风它的云让我留恋，觉得不想走；而这不是我一个人的感觉，朋友亦如是。大概我们都想留在这里做长不大的彼得·潘吧！

恍如隔世，真如是，真如诗。

心安处，即吾乡。永无乡，永吾乡。在全喜大哥心中，用这个名字，大概就是像梁实秋先生那样，希望每个人都能把生活欢喜地过了。

恍如隔世，真如是，真如是。

🏠 北京市怀柔区雁栖镇头道梁村秋场

☎ 13701161592

⛰ 箭扣长城、黑坨山、篱苑书屋

森林乡居
醒来的森林和一场身心SPA

文 余音 图 森林乡居

我们常说像风一样自由。当有树的时候，便有了风，风来了，在森林乡居，你尽可「让自己登基，做风的君王」。

森林乡居是北京目前海拔最高的度假酒店，隐在北京的最西南、房山蒲洼乡花台景区之中。

这里有北京最奢侈的鲜氧呼吸。临近森林乡居，眼耳鼻舌身意，骤地全被"氧"活了。

进入院子，接待中心边上就是篮球场、网球场，不是特别景致，但这种配套的考量，让内心不自觉地得到这样一种暗示：在这里，你可以放下心来！

绕过运动场，大片静谧的树林出现在眼前，宁静却给人一种汹涌的惊喜：原来真正的度假生活是藏在这片延伸着的神秘森林里的。美国自然文学作家西格德·F.奥尔森说："每个人的心底都蕴藏着原野的气质，涌动着一种对荒野的激情。"森林突然出现的一刻，被都市隔绝了的自然游牧者的天性就苏醒了。

落叶松树姿高雅优美、株形俏丽挺拔，丝毫没有想象中郊野森林那种不修边幅；石板路修葺得平整而干净，又蜿蜒曲折出许多惊喜。整个环境都展现了大自然优雅、静逸的一面。夏季的时候，赤着脚走在石板上、把脸埋在森林里吮吸森林的芳香、捡着松果，从头到脚都沐浴在这片森林之中，那种与自然真实的连接和融入，好像自己是一只鸟、一棵树，困顿的心灵顿时有了风一样的自由。森林，是比网络更好的连接方式。

沿路走下去，木屋就长在这片树林之中。如果从另一条路上看过来，木屋像漂浮在这片林海中的几叶小舟。

森林乡居的住宿分为三部分：和餐厅在一栋建筑的酒店客房、森林木屋以及东村的两个民院。

酒店客房和森林木屋的部分因为森林的缘故就地取材。房间的基调主要是稳重的大地色，木材在空间中唱了主角。地板和家具皆为实木，木材制成的长案最是抢眼，尚未过分雕琢，留着刚

从森林过来的气息。澳洲进口的床品、国际高端品牌卫浴、森系色彩的羽绒沙发垫子、纯牛皮的地毯、牛皮飞机椅，整个组合呈现出一种异乡的奢适感。森林乡居的主人 Nick，此前曾与万达有过多年的室内设计方面的合作，对用户的品质、审美需求有着精准的把控。

自然于城里是个奢物，那里更像是囚禁伊卡洛斯的迷宫。但在这里，一切都是自然的，你尽可享受。自然就有这样的坦诚，你的奉献给我，

我的也奉献给你。这样真挚的包容，能矫正、治愈那些因疏离而冷漠的灵魂。

每个房间都有木马，是给每个想长大的孩子和不想长大的大人的一个森林童话。落地窗前，骑着木马或坐在椅上看着孩子骑着木马，看着窗外，生活被苍翠的林海包围。泡一壶普洱或者白茶，灵魂中忧郁的光线没了，僵硬的心一下子就欢欣、柔顺、温润起来。

　　早间醒来，清晨流动在空气之中，闻到它，看到它，听到它，一跃而起投向它或半梦半醒支枕听鸟鸣；黄昏，倚着外面的围栏，站在林海之上，看着太阳与青山捉迷藏，玫瑰色渐渐被暗绿色的森林所吞没……在这里，沉醉于自己浪费的每一刻，你都觉得是值得的。

　　山有山的气度。五月的时节来这里，远处的山，雪还未化，凌烈、瑰玮；夏季，若是有幸，便能望见城里电闪雷鸣此处满天繁星同处一片夜空的奇伟壮观。总之，这一处自然之所，充满了神奇的上苍恩赐。

　　木屋与木屋之间有个户外观景平台，既保持了每栋木屋的私密性，又预留了自然的社交空间。如是几家同游，这里无疑是大人们聊天、孩子们一起玩耍的绝佳场所。

沿着木屋继续走下去，是孩子们的乐园。室外游乐场、梯田农场里荡秋千、看小兔子吃树叶，就是满满的乐趣。其实，在森林乡居有自然课程，用英文教小孩子认识大自然、带小孩做游戏。度假，在这里，不仅是身心放松，更是一种幸福的成长。

Nick 的太太说，自从开始经营森林乡居，他们的孩子有了很大的改变。开始的时候会有那种被城市圈禁惯了的害羞，现在经常一有时间就跑出来和度假的小朋友们玩，主动介绍，大方分享，浑身上下都是孩子自由活泼的天性。

东村的民院，在山路之下，颇有一种老味道。石板的屋顶、朱红的墙面，镶着被岁月风雨沧桑浸染了的乌黑老窗格。房间没有对建筑进行大规模的改动，因此空间尺度更大，就连浴室都大得抵得上一间城里的次卧，风格也更趋拙朴疏落。在延续"森林"这一元素上，这边更是玩出了味道。在过去北方腌制酱菜的缸里，插一个被打磨过的小树干便成了颇有野趣的衣架。洗手池是石槽，大概是过去牲口用的食槽。房间前面的墙壁运用了大规模的落地窗，过去要开门见山色，现在整个山色都呈于眼前。

　　森林乡居的餐厅叫松果餐厅，倒是十分贴合环境，又轻松别致。酒店和餐厅位于森林木屋区山路的另一侧。松果餐厅，空间宽敞，既可保证住店客人的就餐，又可让在周边野游的人停下来享用一顿野味美餐。这里有一个室内游乐场，方便家庭用餐。餐厅二层是一片宽阔的烧烤平台，靠着青山、听着音乐，即使雨天，也丝毫不影响心情，听雨烤肉，

诗意和烟火气氧化出一种真实的愉悦感。

　　源于对厨艺的热爱，餐厅大厨做起菜来格外用心，总是根据时节创新不同菜品，有着乡村的淳朴，也有着对美食的尊重以及诗意的讲究。

　　来的时候，厨师正好试验新菜。菌菇是这里的特色。我们也有幸吃上了"菌菇宴"：口蘑、香菇、平菇、白灵菇，又肥又滑，又鲜又嫩。这里的豆

腐也很特别。因为在远山的缘故，这里还保持着豆腐更古老的做法——姜水点豆腐，口感淳朴、自然。一顿饭下来，虽酸甜麻辣味道皆有，但鲜美、舒适成了每个人的共识。吃过蔡澜都称赞的川厨的菜后，最大的领悟是既能满足味蕾的快感，又让胃温暖舒适，才是美食的大境界。Nick 说，食材大部分都来自森林乡居自己的农场——"菜夫子"，可采摘、可外送。

除了畅享自然本身，森林乡居也倡导森系文艺，民谣歌手森林唱游、华裔画家自然作画……Nick 告诉我，森林乡居的文艺活动还在不断完善，他还打算沿着山势建一个森林露天影院，这里海拔高，没有蚊子，非常适合看露天电影。万籁俱寂时刻，影像流转，我们找一幕情节客串。

喜欢晨跑，森林乡居外面即是 5 公里山脊风光区，适合晨跑、远眺；森林乡居的后山，可纵观整个太行山脉，是观看云海日出的最佳位置；

愿意走远一些的，有十渡誓言玻璃栈道、鱼骨洞、龙门天关、百里峡、白草畔等景区。

常常生出这样的感受，在某个众口称赞的郊野趣处，你开两三个小时的车抵达，却发现除了一间看风景的房间，没有一样你渴望的便利，除了发呆，你还能做什么？

真正的度假，是瞬间的惊喜，随之而来的柔软以及藏在心底可供往后岁月咂摸的回忆。

森林乡居很敏锐地把握到人群的需求，这里让你远离拥挤、丑陋、人事喧嚣的都市，但又不过分强调原野的拙朴。就像一场 SPA，森林为你按摩，让你被城市僵化的身心，变得柔软而坚定。

我们常说像风一样自由。当有树的时候，便有了风，风来了，在森林乡居，你尽可"让自己登基，做风的君王"。

愿你，满载而归。变成一个心存美好、步履轻盈的人。

🏠 北京市房山区蒲洼乡花台景区
📞 18511999799　18511999899
🏞 十渡誓言玻璃栈道、鱼骨洞、龙门天关、百里峡、百草畔

日光山谷
让心永远晒着太阳

文 余音 图 日光山谷

野性地逃离，优雅地回归。
来日光山谷，做一个谷民，
守护自然，让心永远晒着太阳。

日光山谷，光听到名字，内心就荡漾起阳光般的明媚和山谷般的静谧了。

　　如果说北京周边有哪个地方，既有山清水秀的自然场所，又有接轨国际的现代时尚度假生活方式，可以带着家人朋友一起，让身体撒欢儿，让灵魂歌唱，那一定是日光山谷了。

北京首个营地度假乐园

日光山谷，不是传统意义的民宿，它融合了野奢帐篷、房车营地、木屋、民宿等个性化住宿元素，有 3000 平方米超大会所、180 多个特色住宿单元、1500 平方米大型有机农场和餐厅以及迪卡侬运动体验乐园、ATV 越野车与卡丁车赛道、趣味登山步道三个主题活动空间，融合露营、亲子娱乐、开心农场、美食、户外运动等各类度假体验方式所打造的轻奢型自然度假营地乐园。

一个可以自由呼吸的地方

日光山谷位于北京市密云区穆家峪村，地处密云水库南线，沿着京承高速一小时即可直达。

密云水库区域空气负氧离子含量比城区高 40 倍，周围群山环绕，山清水秀。为了保护水源，这里对产业发展和旅游开发进行了严格的限定，建起了百米保护区，因此能够一览密云水库浩渺如烟之景，已经是非常奢侈的事情了。但正因如此，这里保持了北京少有的纯净和安静。当城里的雾霾让呼吸都变成奢望的时候，这里无疑是一片可以逃离、可以尽情呼吸纯净空气、享受明媚阳光的乐土。

红砖空间，美式乡村度假体验

来到日光山谷，蓝天白云绿荫之下，最抢眼的就是用数万块红砖修葺而成的美式乡村田园风格的会所。

这里原是一所小学，经设计师改造后，变成了日光山谷的休闲会所。红砖瓦房，阳光透过绿树的缝隙，斑驳地洒在地上。走在廊道间，还能隐约闻到儿时熟悉的校园味道，那种曲径通幽的味道让人想起戴着红领巾在教室里读书的岁月。

这个 1500 平方米的会所空间，并不仅是商务会所，它属于每个来山谷度假的人，因此这间会所被重新定义，除了商务功能，这里更是一个共享会客厅、10 种不同的私享空间、法式餐厅、书吧……这里是一个如阳光般煦暖的休闲社交场。

日光温室，许你四季如春的梦

北方的冬天，最是萧瑟。一个冬季，人都是蠢蠢欲动，想着南方的艳阳，但是人并不是常常能有说走就走的旅行。

日光山谷打造了 3000 平方米的玻璃温室，在北方的萧寂之中，酿了一份柔软的春色。于是，北方的冬日，便不那么单调了。

在这里，即使是荒凉的冬日也可以置身热带植物丛中，尽情呼吸负氧离子。最好是雪日，室外雪拥群山，室内却如南方般明媚。空间季节的交叠之中，围炉煮酒，在一瞬间拥有了所有的季节和一份潋滟晴朗的心情。

山顶山吧，俯瞰密云水库

因为水库百米线的限制，并不是所有人都能有机会享受密云水库的风景。但在日光山谷，你却可以在视觉和精神上爽两次。

从日光山谷的后山向上爬，经过一小段路程，便有一个 180° 视角的木质观景平台，能俯瞰密云水库。然而惊喜还在继续，再向上还可以到达第二层 360° 视角的平台，这层平台除了俯瞰密云水库，还能环瞰密云水库周围群山。

在这里，日光山谷设置了一个山吧，每个登顶的人，都可以慵懒地窝在沙发里，看远处水汽氤氲，这种飘飘欲仙的朦胧感，如梦似幻；或者捧一杯咖啡，静静地阅读。对着这份澄澈的开阔，人的心也一下子澄澈轻盈起来。

萌宠乐园，我所有的欢乐时间都想与你一起度过

一个民族对于宠物的态度，其实代表了这个民族的文明程度。在大都市，宠物的意义已不仅是看家护院，它更是家人、朋友。主人度假的时候是非常希望带着宠物一起的。因此，在日光山谷特别设置了宠物专属的玩耍空间，让宠物也可以在大自然的阳光下欢快奔跑，自由呼吸。它们守护着我们，我们守护着自然。

特色住宿

　　日光山谷不是酒店，不是度假村，而是营地乐园。在日光山谷，可以任性地拥有当下最时尚的各种非标住宿场景体验。

　　房车：房车度假正成为都市潮流时尚的度假体验。这里为你提供舒适豪华的房车营位、足够的空间、足够的补给，让你体验惬意、自由的户外露营生活。

　　帐篷：青山绿水之间，看着星星入梦，和群山一起醒来。帐篷外席地烧烤、放烟花、篝火晚会……在大自然中酣畅淋漓地生活。

民宿：美式简装风格，搭配科技化智能产品，庭院派对，别墅轰趴……新民居，这么生活。

木屋：这是会呼吸的房子。在大自然为人类提供的荫蔽中，体会人与自然和谐相处的快乐。

此外，日光山谷的湖畔草地上摆放着错落有致的青少年营帐和棱角分明的创意集装箱，供渴望多种住宿体验的谷民们分享。

运动，自在野一次

谁说乡野中只有修身养性？

扁带、超级蹦床、射箭、滑步车、瑜伽、桨板、卡丁车、迷你高尔夫、潘卡足球等 30 种不同的国际流行运动项目以及 16 条周边延伸线路玩法，让身体自在野一次。更有独一无二的环形赛道让你在谷中感受大于 100 千米 / 时的速度与激情，那时周围全化作了飘飘荡荡的歌声，只有一个意识：活着就要取悦自己。

在日光山谷，年轻，只有肾上腺，没有羊胎素。

草坪婚礼，特别的幸福记忆

草坪在日光山谷有着独特的魅力。除了私人宴会，更有草坪婚礼服务，配套专业的影音设备、浪漫的婚礼现场布置、直升机低空飞行体验、热气球创意婚礼，让婚礼成为最特别的幸福记忆。

多元餐食，吃出幸福的回味

在日光山谷，最不可错过的便是"家庭厨师"沈师傅的饭菜香了。

在日光山谷，有个概念叫"没有菜单"，每天的菜品除客人指定外，全部由主厨决定，因为这是充满期待和好奇的"家的味道"。

日光山谷的主厨沈师傅，来头不小，是地道的粤菜大师。早年成名于香港，北上后融多菜系精华，发展出独特的"沈氏特色"。他严选密云当地有机食材，打造保留原始味道的美食。必点菜是生焗鱼头——用港式烹饪手法烹饪的市面上很少见的真正的密云水库鱼。

此外，沈师傅还将日光山谷的法式餐厅打造成了港版的米其林餐厅。

素食、养生、怀旧、优雅，在日光山谷的餐厅，旧时光、老朋友，都是一场有幸的遇见。

野性地逃离，优雅地回归。来日光山谷，做一个谷民，守护自然，让心永远晒着太阳。

🏠 北京市密云区穆家峪镇阁老峪村黑大路 1 号
☎ 4006-778-668
⛰ 密云水库

日光温室
GREEN HOUSE

驿云乡居·神堂峪
临水依山，遇见旧时光
和老朋友

文 余音 图 驿云乡居·神堂峪

闲静地享受熹微的晨光，不必匆忙奔向世俗的战场；淡淡迎着午后湖面吹来的风，看湖、看山、看微雨或者春天的杏花冬日的雪，才觉得生活是有意思的。

去驿云乡居·神堂峪之前的几年，便已和"驿度假"的团队多次接触。在习惯强调"调性"的民宿圈，这个团队从合伙人到每个执行者身上都有一种共性：质朴、热情、高效、随和以及年纪不大却为人处事很大气。跟这个团队接触，让你第一时间就会放下因陌生和距离感而产生的紧张和戒备，就像遇见旧时光和老朋友。

凡事都有它的时机。本在雁栖湖漫游，突然想到这里离神堂峪很近，便觉得相请不如偶遇，既然计划每每搁置，人生不妨随心而行。

抵达驿云乡居·神堂峪时，管家珊珊接待了我，依然是和管理团队一样的气质，只不过多了女性的细腻、温婉，就如这神堂峪的景色一样让人如沐春风、心旷神怡。而在这里度过的时光，也让我充分感受到了他们的热情、周到。这种细节往往看不见、道不明，但是当你身临其间时，就能感觉到一个专业的团队在视觉效果之外其实更看重的是客人能否获得真正放松的度假感受。

驿云乡居在神堂峪的院子多以家庭亲子度假、朋友聚会、团建为主，依地势、景色不同而各有特色。

一号院，院中观山湖，室内观长城

石头墙、老木门。推门进去，眼前是那种没有任何矫情做作的舒适：草坪上的摇椅可以坐着发呆，等着葡萄架上的葡萄成熟；户外凉亭备着烧烤炉，阴凉的傍晚最适合露天烧烤；童年的木马，可以坐着摇一下午。院子的墙很矮，正好可以看到青山绕绿水，这个角度看上去，自己宛在水中央。

一号院由正房的两室一厅和厢房的两个亲子房组成。

两室一厅是典型的北方房屋格局。所谓的厅，其实是民居中的"堂屋"。推门进来，右手侧的望远镜十分抢眼，管家已经把它调好，随时可以从室内观看长城和夜空。堂屋墙壁上是北方最常见的红砖和老木头砌成的书架，摆满了书。正中央桌上摆着茶具和茶，最适合午后或者晚间，几家人闲坐话桑麻，就如过去一样，不关心股票和工作，只关心蔬菜和明天的天气，看着孩子们在室内、院中跑来跑去，读书、弹着尤克里里或者看着星空想着遥远的事情，便是幸福。

正房的后侧空间设置了共享厨房和餐厅，客人可以按照自己的心意做饭，也可以体会一起做饭的乐趣。

两个卧室分别设置了床和榻榻米，能体会不同的住宿感觉，厢房的亲子房则多了童趣。

驿云乡居·神堂峪

二号院，室外泡汤，屋后观山

比起一号院，二号院更加私密幽静，所以二号院的整个院子如同一汪水面，走过栈道就是一个私家泡池。最好是冬日，飘着雪泡着温暖的汤，这世界好像都与你无关，只在这温暖中，和自己爱的人看着一轮落日像一杯苦艾酒一样幽美，让心不再被世俗所荒芜。

二号院的格局与一号院基本相同，只不过在房间的布置上，多了中式的古朴和日式的闲寂。如果说一号院主打亲和风，那么二号院则更加雅致。客厅布置得十分简洁，地毯上，一张桌，几蒲团，席地而坐，倒是生活的"寂趣"。

虽然不能观湖，但二号院的后院，则可以私享一座山。山和房的距离，让后院在两者的阴影之内，正好阳光照不到，十分清凉，随便坐一个下午都可以。

此刻，你会深刻地理解，生活不是很容易的事，自然地简易地生活，是其一法；把生活当作一种艺术，微妙地美地生活，又是一法。生活之艺术只在于微妙地混合取与舍二者而已。

沿着村里的路，走到湖边，驿云乡居·神堂峪的餐厅依水而踞。客人可以选择此处就餐，闲静地享受熹微的晨光，不必匆匆奔向世俗的战场；淡淡迎着午后湖面吹来的风，看湖、看山、看微雨或者春天的杏花冬日的雪，吃不求饱的点心，才觉得生活是有意思的。晚间便是天上的星星混着岸上的人间灯火一起落在黝黯的河水里，水波流动，星光碎了一河。

把真实而美丽的自然嵌入生活做美的装饰，安顿我们在城市焦躁不安的灵魂。

驿云乡居·神堂峪便在神堂峪景区。这里离雁栖湖不远，也临着北京最美的骑行山路。除了在院子里安然度日，也可以骑行或者游览神堂峪。

神堂峪景区融山川、河流、奇峰、怪石及古长城为一体，山峰险峻，怪石天成；闻名的雁栖河贵穿全区，水质清纯，流水不断；天然形成的龙潭、鸳鸯池、鳄鱼潭水域宽阔，清澈见底；修建于明万历年间的屯兵城堡遗址保存完好；历经沧桑的古长城，雄风犹存。

驿云，也许只是我们尘世生活中偶然会飘过的浪漫的云，但是这轻柔、温暖的梦，会常常绕在心里，让你渴望时时回家，让这一缕云轻轻拂去案牍劳形的尘世生活积累的尘埃。

🏠 北京市怀柔区雁栖镇神堂峪景区上官地村
📞 15810611809
🎋 神堂峪景区、雁栖湖

图书在版编目（CIP）数据

民宿中国行 . 北京 /《民宿中国行》编写组编著 . — 北京：中国科学技术出版社，2019.3

ISBN 978-7-5046-8169-0

I. ①民… II. ①民… III. ①旅馆 – 介绍 – 北京

IV. ① F726.92

中国版本图书馆 CIP 数据核字（2018）第 249185 号

策划编辑	符晓静	范晓丽
责任编辑	白　珺	范晓丽
封面设计	孙雪骊	赵　亮
正文设计	瑞东国际	
责任校对	杨京华	
责任印制	徐　飞	

出　　版	中国科学技术出版社
发　　行	中国科学技术出版社发行部
地　　址	北京市海淀区中关村南大街16号
邮　　编	100081
发行电话	010-62173865
传　　真	010-62173081
网　　址	http://www.cspbooks.com.cn

开　　本	787mm×1092mm　1/16
字　　数	230千字
印　　张	14
版　　次	2019年3月第1版
印　　次	2019年3月第1次印刷
印　　刷	北京博海升彩色印刷有限公司
书　　号	ISBN 978-7-5046-8169-0 / F·874
定　　价	68.00元